中华经典名著
全本全注全译丛书

马天祥◎译注

格言联璧 上

中华书局

目录

上册

下册

前言

　　我国传统典籍浩如烟海，经史子集蔚为大观。秉承儒家先圣先贤教诲的历代士人，都将明德修身视为第一要务，无论居庙堂之高，还是处江湖之远，皆有淑身淑世之言流传于世。《逸周书·序》载："周公会群臣于闳门，以辅主之格言作《皇门》。"可见早在周公辅政之时，汇编众家良箴宝训以为劝诫之用的工作已然开启。相对具体的修身格言之书的初兴可以追溯到两汉时的"诫子书"，孔臧、东方朔、马援、郑玄等皆不乏晓谕子孙后代为人处世的金玉之言，此后逐渐产生两个分支：一支恪守家族先人教诲，成为"家训""族规"，世代相传；而另一支则抛开一家一姓之私，杂取百家，兼收经史，经两宋发展，至明清臻于极盛，编撰者或博采汇编历经岁月积淀之佳句，或潜心独撰阅尽世事沧桑之箴言，《格言联璧》便是该类作品的典型代表。

　　《格言联璧》是清代金缨编纂的一部格言集成。金缨，字兰生，浙江山阴人，主要活动于清道光、咸丰两朝。出身书香世家的金缨，自道光二十六年（1846）起，继承先人志向，辑录《几希录续刻》，待此书付梓之后便着手格言集成的编纂工作。金缨遍览群书，凡遇名言佳句便记录下来，日积月累渐成规模，名为《觉觉录》，后因《觉觉录》卷帙浩繁，刊刻费用巨大，于是金缨在此基础上删繁就简，选取其中句式整齐、音韵和谐的部分于咸丰元年（1851）先行刊布，取名《格言联璧》。

　　《格言联璧》共分为学问、存养、持躬、摄生、敦品、处事、接物、齐家、从政、惠言、悖凶十一类，意蕴深厚，内容广博，不仅涵盖了社会人生的各个方面，更反映了传统农业社会的伦理道德观念。传统中国社会各个时代的思想精髓都有涵盖。厚重睿智的思想通过简练的话语得到了明晰的呈现。此外，《格言联璧》的篇类编排也体现着一定的内在逻辑和顺序。全书的编排除最后的"惠言类"和"悖凶类"两章属于"善言善行"和"恶言恶行"的分章总结外，前九类大体上遵循着宋代以来君子"格物""致知""诚意""正心""修身""齐家""治国""平天下"的思想脉络。

　　虽然《格言联璧》有十一类，但是每类的首要思想都是告诫人们要立德为先、修身为要，也就是说无论做什么事，先要做一个堂堂正正的人。而这种立德修身又不是靠空谈得来的，是在现实生活中通过不断约束改进自己来实现的。比如"学问类"一章主要讨论的是"治学修身"的问题，开篇便提出"天地间第一人品还是读书"。编者首先肯定了"第一人品"即立德修身的重要性，更指出"第一人品"的最终养成归根结底还是要从研习圣贤之书中得来。

　　《格言联璧》虽然成书于清朝中晚期，但因书中的许多格言侧重生活实际，所以直至今日读起来仍不失实用意义。"摄生类"中的格言都有着中医理论依据，对当下人的身体保养仍大有裨益。"敦品类""处事类""接物类"等章在为人处世方面的指导和告诫，对现在人们的交往仍有着一定的指导意义。但编者在编纂该书时由于受到其自身时代局限的制约，受到传统农业社会落后生产力的束缚，亦偶有封建迷信的落后思想夹杂其中。因此，我们在努力学习传统思想精华的同时，还要对那些落后的思想加以摈弃。

　　《觉觉录》的全貌我们无从窥知，唯有"原序"中"卷帙繁多"四字留给我们无尽的想象。本次《格言联璧译注》作为中华书局"中华经典名著全本全注全译丛书"之一，在整理、注释、翻译工作之外，还新增了对文中每条格言"源流"的探究与考察。这既是本书的一大特色，又对我们更为深入地了解《格言联璧》提供了可能。"源流"的探究为格言含义的深入理解提供了帮助。《格言联璧》中收录的有些格言,语言精练,意蕴深厚,然而若纯然脱离上下文意和原始语境,则无法准确理解其内在含义。如"接物类"有"公生明,诚生明,从容生明"。如若仅就该句径直阐发意义不免有失允当。而考察其"源流"后,可知该句实采自明代吕坤的《呻吟语》,且原文为"公生明,诚生明,从容生明。公生明者,不蔽于私也;诚生明者,清虚所通也;从容生明者,不淆于感也。舍是无明道矣"。在结合原文的基础上,就能更加清楚地体会原句中三个"明"的准确含义了。此外,在文献的编撰与生成方面,通过对《格言联璧》全书收录格言"源流"的梳理,不难发现《格言联璧》涉猎文献极广,上到先秦诸子,下至明清小品,经史子集四部之外,更兼儒释道三家之说,可以说是博采众长。并且,通过对《格言联璧》中每条格言"源流"的探究,可以发现金缨在编纂格言集成时充分发挥了"就近原则",即充分利用了宋代以来,尤其是明清两代学人的格言编撰成果,如《呻吟语》《菜根谭》《五种遗规》《楹联丛话》等前人成果都得到了充分地整合与利用。因此,结合"源流"梳理成果逆推删节之前的《觉觉录》,山阴金氏实欲以一己之力,成就百代格言长编,如若得以刊行,也许将是我国历史上格言汇编的第一集成。

虽然《格言联璧》是由《觉觉录》删节而成,但自《格言联璧》问世,就因其内容广博、思想深刻、语言优美而得到广大学人的认可。自咸丰元年(1851)刊行以来至清末,历经半个世纪长盛不衰,刊本多达十余种之多,据不完全统计,同治年间有:二年、六年、十一年等刊本;光绪年间有:三年、四年、五年、六年、七年、十四年、十六年、十九年、二十一年、二十三年、三十一年等刊本;民国间亦有:五年、七年、二十年、二十二年等刊本。不难看出,平均每三到四年就有新刊本问世,几乎成为每代读书人处世修身的必读书目,这些都从侧面再次印证了《格言联璧》的价值与意义。当然,我们也应当客观地看到,在《格言联璧》不断重刊传世的过程中,历代学人已渐次不满足于格言本身的传承,进而围绕格言的评骘之语也逐渐附于其中一并刊行。这些评骘之语,虽有助于读者体悟格言意蕴滋味,但版本不一、内容不同,且又不免有喧宾夺主之嫌。本次中华书局"中华经典名著全本全注全译丛书"之《格言联璧》,我们选择了流传较广、仅录正文且不含评语的光绪丁酉本作为底本,以时代较早、内容完整的中国国家图书馆藏同治二年本为参校。在注释和翻译方面,以方便读者阅读为首要目标,结合"源流"部分,以直译为主、意译为辅,务求做到文字晓畅通达。

　　囿于个人学力有限,书中难免有一些错讹之处,尤其是"源流"部分,尚无法做到穷尽式梳理,还请广大读者谅解并给予批评指正,以待他日得以逐步完善。中华书局责任编辑胡香玉老师为此书的出版付出了辛勤的劳动,在此深表谢意。

马天祥

己亥孟秋于咸阳渭城

《格言联璧》原序

　　余自道光丙午岁①，敬承先志，辑《几希录续刻》，工竣后，遍阅先哲语录，遇有警世名言辄手录之②，积久成帙③，编为十类，曰《觉觉录》。惟卷帙繁多，工资艰巨④，未能遽付梓人⑤，因将《录》内整句先行刊布⑥，名《格言联璧》，以公同好⑦。至全《录》之刻，姑俟异日云⑧。

　　咸丰元年仲夏⑨，山阴金缨兰生氏谨识⑩。

【注释】

①道光丙午岁：道光二十六年（1846）。

②手：亲手。

③帙（zhì）：卷，册。此处指文献辑录颇具规模。

④工资艰巨：工程浩大，费用昂贵。工，工程。此处指刊刻所需人工。资，费用。此处指刊刻所需费用。

⑤遽（jù）付梓（zǐ）人：及时交给刊刻的工匠。遽，立刻，及时。梓人，古代从事印刷业的刻版工人。

⑥因将《录》内整句先行刊布：于是将《觉觉录》中格式整齐、音韵和谐的句子先行刊刻发布。因，于是，就。《录》，即《觉觉录》。整

句,格式整齐、音韵和谐的句子。刊布,刊刻发布。

⑦公同好:又作"公诸同好",把自己珍藏的东西拿出来分享给志趣相同的人。公,公开。此处指分享。同好,有共同爱好的人。语出曹植《与杨德祖书》:"虽未能藏之于名山,将以传之于同好。"

⑧姑俟(sì)异日云:姑且等将来吧。姑,姑且。俟,等待。异日,他日,将来。

⑨咸丰元年:公元1851年。

⑩山阴:清代浙江绍兴府辖下山阴县。谨(jǐn)识:郑重记叙。

【译文】

我从道光二十六年开始,恭敬地承袭先人志向,辑录《几希录续刻》,任务完成之后,遍览先贤语录,遇到名言警句便亲手抄录,积累久了便渐成卷册,将所辑内容编排为十类,名为《觉觉录》。只因卷帙浩繁,工程浩大、费用昂贵,因而未能及时交给刊刻的工匠,于是将《觉觉录》中格式整齐、音韵和谐的句子先行刊刻发布,取名为《格言联璧》,分享给志趣相同之人。至于全部《觉觉录》的刊刻,姑且等将来吧。

咸丰元年仲夏,浙江山阴金缨郑重记叙。

《格言联璧》重刊序

　　昌黎韩子曰："一世劝人以口[①]，百世劝人以书。"旨哉[②]！言也。以善书传人者，十人中有一人警省焉[③]，则济一人矣[④]；百人中有十人警省焉，则济十人矣；推之千万[⑤]，辗转无穷，此亦不朽之盛业也！山阴金君兰生辑善书曰《格言联璧》[⑥]，于先哲训诫博观约取，信称美备矣[⑦]！惜原刻字画过小，板亦漫漶[⑧]，阅者颇苦不便。常次德先生道功，吾邑乐善君子也，迩年雅好是书[⑨]，爰于卷中偶句旁注，俱用大字重梓之[⑩]，繁复处稍有删节，他悉仍旧也。得是书者，朝夕观省[⑪]，服膺奉行[⑫]，淑身淑世[⑬]，所裨益岂浅鲜耶！

　　时同治二年癸亥孟秋，长沙张延珂子恒氏谨序。

【注释】

①一世劝人以口：一时一刻教导人靠话语。一世，一时，短时间内。劝，教导。口，此处指话语。

②旨：好。此处包含语言文句优美和思想内容深刻两重意思。

③警省（xǐng）：醒悟。

④济：帮助。

⑤推之千万：以此类推至成千上万的人。推，以此类推。千万，成千上万。

⑥善书：导人向善之书。

⑦信称美备矣：确确实实称得上完美详尽。信，确实。起加强语气的作用。备，完备，详尽。

⑧漫漶（huàn）：刻版上所刻的文字，因年深日久而变得模糊不清。

⑨迩（ěr）年：近年，近来。

⑩梓：刊刻印刷。

⑪观省（xǐng）：反观自省。

⑫服膺（yīng）：衷心信服，全心全意。

⑬淑身淑世：修身济世。淑身，此处指修养身心。淑世，此处指造福社会。

【译文】

韩愈说："一时一刻教导人靠话语，千秋万世教导人靠书本。"这话说得好啊！把导人向善之书推荐给他人，十人之中如果有一人醒悟，那便帮助了一人；百人之中如果有十人醒悟，那便帮助了十人；以此类推至成千上万的人，辗转流传达于无穷，这就是永不磨灭的伟大功业！浙江山阴金兰生先生辑录的导人向善之书名曰《格言联璧》，对先圣先贤的教导劝诫之语广泛涉猎并取其精华，确确实实称得上完美详尽了！只可惜原书刊刻字体过小，刊刻的印版也模糊不清，读者饱受阅读不便之苦。常道功先生是我乡善人君子，近年来喜读此书，于是在书中偶句旁作注，全书皆用大字重新刊印，注文冗长重复之处略有删减，其他皆承旧例。得到这部书的人，要朝夕反观自省，全心全意地遵守践行，实现修身济世，其中的益处难道还少吗？

时值同治二年初秋，湖南长沙张延珂郑重作序。

学问类

【题解】

"学问类"一章主要讨论的是读书与修身。在编者看来,读书与修身存在着紧密的联系。高尚品行的养成,靠的是用心读书,而这里所指的书,主要是中国传统社会中的儒家经典。在读书修身的过程中,学习儒家圣贤经典是实现个人道德提升的重要途径。通过学习圣贤经典,可以使人明确道德的意义,树立高尚的节操,拥有担当天下的广阔胸怀和强烈的责任感,进而成为圣贤一样伟大而高尚的人。这与中国传统社会中士大夫阶层修身、齐家、治国、平天下的自我价值实现之路互相印证。

编者在讲述读书修身之法的同时,首先冷静地告诫人们修身并非易事,要时刻保持谦虚谨慎,不可有丝毫的放松和懈怠,尤其在独处的环境中,更要时刻严格约束自己,并且在严肃认真的修养中,也要保持看问题、想事情的通达与圆融,不可太过拘泥和偏执。因此,编者特意借古今学者的差异来说明古时学者的通达与当今学者的偏执。其次,着重强调读书求理时要博览群书气象宏阔,态度上要认认真真、扎扎实实,不可有一丝一毫的粗心大意。同时又要抱有设身处地的"理解之同情"和怀疑精神,议论古人得失,要站在古人的角度考虑,避免求全责备,研习文献经典,亦不可盲目将其奉为圭臬,应以怀疑之精神和严谨之态度探究真理,使读书求知之路不失坦荡和公允。最后,在具体治学方法上指出,求知治学在树立远大目标的同时,更应当循序渐进持之以恒,从细微处做起,从自己做起,将道德修养融入普通的日常生活,实现知与行的完美统一。

古今来许多世家^①,无非积德^②;天地间第一人品,还是读书。

【注释】

①世家:门第高贵、世代相传的名门望族。《孟子·滕文公下》:"(孟子)曰:'仲子,齐之世家也。'"汉赵岐注:"孟子言仲子,齐之世卿大夫之家。"

②积德:积累德行。

【译文】

古往今来许许多多的名门望族,无一不是因为积累德行而兴旺;天地之间堪称第一等人的品质,归根结底要靠读书来养成。

【源流】

清梁章钜《楹联续话》卷二:"(姚文僖公)又自撰堂联云:'世上几百年旧家,无非积德;天下第一件好事,还是读书。'语皆近质而实,足以训俗。"按,姚文田谥文僖,《格言联璧》此句当化用清代姚文田之堂联。

读书即未成名^①,究竟人高品雅^②;修德不期获报^③,自然梦稳心安。

【注释】

①即未:即便没有。

②究竟:终究,最终。

③不期：不期待，不要求。

【译文】

用功读书，即便没有成名，最终也会变得人格高尚、品行雅正；修养德行广行善事却不期待得到他人的回报，这样便能睡得踏实，内心安宁。

为善最乐，读书便佳。

【译文】

如果一个人能将做善事当作自己人生的最大快乐，那么他读圣贤之书也一定会读得很好。

【源流】

明高攀龙《高子遗书》卷十一载："朱夫子曰：'为善最乐，读书便佳。'"

清尤侗《艮斋杂说》卷四："'为善最乐，读书便佳。'上是东平语，下是朱子语。予集作一对。"按，《后汉书·东平宪王苍传》载："日者问东平王处家何等最乐？王言为善最乐！""为善最乐"确系东汉东平宪王苍之语，然至明代，"为善最乐，读书便佳"已成上下一体之楹联，且时人皆尊为朱子之言，尤氏考辩无误，然"予集作一对"之论有失允当。

诸君到此何为，岂徒学问文章①，擅一艺微长②，便算读书种子③；在我所求亦恕④，不过子臣弟友⑤，尽五伦本分⑥，共成名教中人⑦。

【注释】

①徒：仅，只。

②擅（shàn）一艺微长：擅长一门微不足道的技艺。微，微不足道的，

不值一提的。长,长处。此处指技艺或能力。

③读书种子:有才学,能够传承文化的读书人。宋黄庭坚《山谷别集·戒读书》:"士大夫家子弟能知忠信孝友斯可矣,然不可令读书种子断绝。有才气者出,便当名世矣。"

④恕(shù):推己及人,发自内心地理解他人,即孔子的"忠恕"之道。《论语·里仁》:"曾子曰:'夫子之道忠恕而已矣。'"宋邢昺疏:"忠,谓尽中心也;恕,谓忖己度物也。"

⑤子臣弟友:做儿子、做大臣、做弟弟、做朋友。指人在社会中总要不可避免地处于这几种位置与角色之中。《论语·颜渊》:"齐景公问政于孔子。孔子对曰:'君君,臣臣,父父,子子。'"

⑥五伦:旧指君臣、父子、兄弟、夫妻、朋友之间五种伦理关系,也称五常。本分:自己应尽的责任和义务。

⑦名教:名分与教化,指以传统儒家思想为根据制定的名分与伦理准则的礼法体系。《管子·山至数》:"昔者周人有天下,诸侯宾服,名教通于天下,而夺于其下,何数也?"

【译文】

各位到这里来为的是什么呢?难道只是为了学学知识、写写文章?擅长一门微不足道的技艺,这便能算得上做学问的读书人了吗?其实对自己的要求就是推己及人,我们在现实生活中不过是处于儿子、大臣、弟弟、朋友等不同的角色,无论什么角色都要用自己的心去体谅和理解他们,尽到一个人在君臣、父子、兄弟、夫妻、朋友这五种关系中的责任和义务,才能使大家共同成为懂礼数、明教化的君子。

【源流】

清梁章钜《楹联丛话》卷八:"广州香山书院联云:'诸君到此何为,岂徒学问文章,擅一艺微长,便算读书种子;在我所求亦恕,不过子臣弟友,尽五伦本分,共成名教中人。'"

聪明用于正路,愈聪明愈好,而文学功名益成其美[①];聪明用于邪路,愈聪明愈谬[②],而文学功名适济其奸[③]。

【注释】

①文学:学问。功名:功业。

②谬(miù):错误。此处指造成不好的影响。

③文学功名适济其奸:学问和功业恰好会助长他的邪恶。适,恰好,恰巧。济,帮助,助长。奸,恶行,不好的行为。

【译文】

人的聪明才智如果用在正道上,那么越聪明便越好,而学问和功业更会成就他的美德;人的聪明才智若用在了邪道上,那么越聪明便越糟糕,而学问和功业恰恰会助长他的邪恶。

【源流】

明冯从吾《少墟集》卷八《善利图说》:"聪明用于正路,愈聪明愈好,而文学功名,益成其美。此处一差,则聪明用于邪路,愈聪明愈差,而文学功名,益济其恶,故不可不慎也。"

战虽有阵[①],而勇为本。丧虽有礼[②],而哀为本。士虽有学,而行为本[③]。

【注释】

①战虽有阵:作战虽然要有队形。阵,军队作战时的战斗队形。

②丧(sāng)虽有礼:办理丧事虽然要有一定的礼节。丧,办理丧事。礼,礼节,礼数。《论语·八佾》:"丧,与其易也,宁戚。"

③行:品行,即道德修养。

【译文】

作战时虽然要讲究一些阵法,但勇敢是最为根本的。办理丧事虽然要有一些礼节，但哀伤是最为根本的。读书人虽然要有学问，但良好的品行是最为根本的。

【源流】

《墨子·修身》："君子战虽有阵，而勇为本焉；丧虽有礼，而哀为本焉；士虽有学，而行为本焉。"

飘风不可以调宫商^①，巧妇不可以主中馈^②，文章之士不可以治国家^③。

【注释】

①飘风不可以调宫商：回旋不定的风，是不可以作为依据来调定与节气对应的音律的。飘风，回旋不定的风。古人"候气定律"，依据季节变换来调定与之相配的不同音律，飘风回旋不定，不能代表季节的变化，所以不可依据它来调定音律。《礼记·月令》："律中大蔟。"汉郑玄注："律，候气之管，以铜为之。中犹应也。孟春气至，则大蔟之律应。应，谓吹灰也。"宫商，即宫、商、角、徵、羽，代指"五音"。

②巧妇不可以主中馈（kuì）：精明偷巧的妇人不可以让她主持家中事务。巧妇，精明偷巧的妇人。主，主管，掌管。中馈，原指家中饮食之事，这里代指家中事务。《周易·家人卦》："象曰：'六二，无攸遂，在中馈，贞吉。'"唐孔颖达正义："妇人之道，巽顺为常，无所必遂，其所职主，在于家中馈食供祭而已。"

③文章之士：只会写写诗词文章而没有真才实学的人。

【译文】

回旋不定的风不是季节更替的标志，所以不可以依据它来调整音律；办事偷巧的妇女不可以管理家中事务；只会写写文章的文人是不可以用来治理国家的。

【源流】

明刘基《诚意伯文集》中《〈拟连珠〉六十八首》："盖闻观形于声，未必见形；求实于名，未必得实。是故飘风不可以调宫商，巧妇不可以为家室。"按，《格言联璧》此句当化用明代刘基之语，然至清魏源《古微堂集》作"飘风不可以调宫商，巧妇不可以主中馈，文章之士不可以治国家。"故《格言联璧》似直接摘引自清人著述。

经济出自学问①，经济方有本原。心性见之事功②，心性方为圆满。舍事功更无学问③，求性道不外文章④。

【注释】

①经济：经世济民，即治理国家，救助百姓。

②心性见之事功：人在修炼自己心性的同时，进而实现了人生价值建功立业。心性，此处指对心志和性情的修炼。事功，事业和功绩。

③舍：除去。

④求性道不外文章：探求修炼心性之道，不外乎研读圣贤文章。性道，修炼心性之道。文章，此处指古圣先贤留下的经典文章。

【译文】

经世济民的方法只有源出于学问，那么这些方法才有了根本和源泉。修炼心性进而实现建功立业，那么心性的修炼才算得上圆满。天下除了建功立业的学问之外便没有其他的学问了，探求修炼心性之道不外乎多加研读古代圣贤的文章罢了。

何谓至行①，曰庸行②；何谓大人③，曰小心④；何以上达⑤，曰下学⑥；何以远到⑦，曰近思⑧。

【注释】

①至行：最高的品行。

②庸（yōng）行：普通的日常行为。此处指做好普普通通的日常小事。庸，普通，平常。《周易·乾卦·文言》："九二曰：'见龙在田，利见大人。'何谓也？子曰：'龙德而正中者也。庸言之信，庸行之谨，闲邪存其诚，善世而不伐，德博而化。'《易》曰：'见龙在田，利见大人。'君德也。"唐孔颖达正义："庸，常也。从始至末，常言之信实，常行之谨慎。"

③大人：德行高尚的人。

④小心：小心谨慎。此处指时时刻刻不忘做人做事的规矩和礼数。

⑤上达：提升德行，向上发展。《论语·宪问》："子曰：'君子上达，小人下达。'"

⑥下学：留心学习身边的普通小事。《论语·宪问》："子曰：'不怨天，不尤人，下学而上达，知我者其唯天乎！'"

⑦远到：目光长远思虑周全。

⑧近思：充分思考当下自己的不足。《论语·子张》："子夏曰：'博学而笃志，切问而近思，仁在其中矣。'"宋邢昺疏："近思者，思己所未能及之事，不远思也。"

【译文】

什么才是最高的品行呢？即做好普通日常事务；什么才是德行高尚的人呢？即在日常生活中能够做到小心谨慎不忘规矩和礼数；怎样才能向上发展提升德行呢？即留心学习身边的普通小事；怎样才能目光长远思虑周全呢？即对当下自己的不足作充分地考虑。

竭忠尽孝，谓之人。治国经邦①，谓之学。安危定变②，谓之才。经天纬地③，谓之文④。霁月光风⑤，谓之度⑥。万物一体⑦，谓之仁⑧。

【注释】

①经：治理，管理。

②危：危险混乱的局面。变：变乱，叛乱。

③经天纬地：形容有治理天下的卓越才能。《逸周书·谥法》："经纬天地曰文。"

④文：文德。

⑤霁（jì）月：雨后的明月，比喻开朗的胸襟。霁，雨雪停止。光风：雨后日出吹拂的和风，比喻洒脱的气度。宋陈棣《郑倅生辰》："二十八宿罗心胸，霁月光风映眉宇。"

⑥度：气度，风度。

⑦万物一体：将自己与世间万物融为一体。《孟子·尽心上》："孟子曰：'万物皆备于我矣，反身而诚，乐莫大焉。'"

⑧仁：此处指关照天下苍生的大仁大爱。

【译文】

竭尽忠孝，可以称为人。善于治国安邦，可以称为有学问。能够稳定危局平定叛乱，可以称为有才干。治理天下国家的雄才大略，可以称为文德。犹如雨后之清风明月般开朗洒脱，可以称为风度。将自己和世间万物融为一体，这便是大仁大爱。

以心术为本根①，以伦理为桢干②，以学问为菑畬③，以文章为花萼④，以事业为结实⑤，以书史为园林⑥，以歌咏为鼓吹⑦，以义理为膏粱⑧，以著述为文绣⑨，以诵读为耕耘，以记问为居积⑩，以前言往行为师友⑪，以忠信笃敬为修持⑫，以作善降祥为受用⑬，以乐天知命为依归⑭。

【注释】

①心术：心思。此处指方正的内心。本根：根本。

②以伦理为桢（zhēn）干：将世间万物的条理当作主干。伦理，事物的条理。桢干，古代筑墙时所用的木柱，竖在两端的叫"桢"，竖在两旁的叫"干"。此处指主干。

③菑（zī）畬（yú）：土地，农田。菑，新开垦的田地；畬，开垦两年以上的田地。《周易·无妄卦》："六二，不耕获，不菑畬，则利有攸往。"汉郑玄注："一岁曰菑，二岁曰新田，三岁曰畬。"

④花萼（è）：花朵。

⑤结实：果实，成果。

⑥书史：书籍，即记载历代圣贤言行事迹的著作。

⑦鼓吹：音乐。

⑧膏粱（gāo liáng）：肥肉和细米，泛指精细的食物。膏，肥肉。粱，细粮。《孟子·告子上》："《诗》云：'既醉以酒，既饱以德。'言饱乎仁义也，所以不愿人之膏粱之味也；令闻广誉施于身，所以不愿人之文绣也。"

⑨以著述为文绣：把著书立说当作华美的衣裳。著述，著书立说。文绣，精美的纹饰。此处代指华美的衣裳。

⑩以记问为居积：把记录和求教当作积累。记问，记录和求教。居积，积累。

⑪前言往行：古圣先贤的言行。《周易·大畜卦》："君子以多识前言往行，以畜其德。"唐孔颖达正义："多记识前代之言，往贤之行，使多闻多见，以畜积己德。"

⑫以忠信笃（dǔ）敬为修持：把忠正、诚信、朴实、恭敬当作修身的标准。笃，朴实，质朴。敬，恭敬。修持，修身。《论语·卫灵公》："子张问行。子曰：'言忠信，行笃敬，虽蛮貊之邦行矣；言不忠信，行不笃敬，虽州里行乎哉？'"

⑬作善：行善，做好事。降祥：使上天降下祥瑞，即获福。《尚书·伊训》："作善降之百祥，作不善降之百殃。"受用：得到好处。此处指得到上天的恩赐。

⑭乐天知命:顺应天意安守本分且怡然自得。《周易·系辞下》:"乐天知命,故不忧。"依归:此处指人生的宗旨。

【译文】

把方正的内心当作根本,把万事万物的条理当作主干,把学问当作良田;把文章当作花朵,把事业当作果实,把记载先贤言行的书籍当作园林;把歌咏圣贤遗作当作典雅的乐曲,把义理当作精美的食物,把著书立说当作华美的衣服;把诵读当作耕耘,把记录和求教当作积累,把古圣先贤的言行当作良师益友;把忠正、诚信、朴实、恭敬当作修身的标准,把行善获福当作上天的恩赐,把乐天知命当作人生的宗旨。

【源流】

明何乔远《名山藏》卷八十六《臣林记》"顾璘"条载:"(顾)璘居恒言:'士大夫当以心术为本根,以伦理为植干,以学问为菑畲,以事业为结实,以文章为花萼。'"按,《格言联璧》此句当本于明代顾璘之语。

憬闲居以体独①,卜动念以知几②,谨威仪以定命③,敦大伦以凝道④,备百行以考旋⑤,迁善改过以作圣⑥。

【注释】

①憬(lǐn)闲居以体独:独居时要以严肃的态度体悟圣贤"慎独"的教诲。憬,严肃,令人敬畏。闲居,独居,独处。独,即"慎独",中国古代儒家思想的重要概念。指人在无人监管的独处环境中,更要严格要求自己,使自己的言行合乎礼数。语出《礼记·中庸》:"莫见乎隐,莫显乎微,故君子慎其独也。"

②卜(bǔ)动念以知几(jī):心中若想有所行动,就要预先有所估计,善于发现事物发展变化的细微征兆和迹象。卜,预料,估计。几,事物发展变化的细微征兆和迹象。《周易·系辞下》:"子曰:'知几其神乎?君子上交不谄,下交不渎,其知几乎!几者,动之

微，吉之先见者也。'"

③谨（jǐn）威仪以定命：细心注意自己庄重的容止仪态以掌握自己的命运。谨，谨慎，细心。威仪，庄严的容止和仪态。定命，掌握把控自己的命运。

④敦（dūn）大伦以凝（níng）道：尊崇伦常大道以求能够成为贤者。敦，尊崇。大伦，伦常大道，即传统社会中君臣、父子、兄弟、夫妻等人与人之间关系的基本准则。凝道，集道于身，即成为圣贤。凝，聚集，集中。

⑤备百行以考旋：使自己各种行为完备，进退交往无不圆融妥当。备，使……完备。百行，各种行为。考旋，实为化用《周易·履卦》"视履考祥，其旋元吉"，意在说明通过改善自己的行为，可以使人的日常进退交往处于圆融妥当的完美状态。

⑥迁善改过以作圣：改过向善成为圣贤。迁善，改过向善。圣，圣贤。《周易·益卦》："象曰：'风雷，益。君子以见善则迁，有过则改。'"

【译文】

一人闲居独处时应当以严肃的态度来体悟先贤"慎独"的教诲，内心若有动念便要预先有所估计，善于发现事物发展变化的细微征兆，细心注意自己庄重的容止仪态以此来掌握自己的命运；尊崇伦常大道使自己成为贤者，使自己的各种行为完备进退交往无不圆融妥当，内心向善并能改正自己的过失使自己成为圣贤。

【源流】

明刘宗周《人谱》"证人要旨"条下："一曰懔闲居以体独，二曰卜动念以知几，三曰谨威仪以定命，四曰敦大伦以凝道，五曰备百行以考旋。"

收吾本心在腔子里①，是圣贤第一等学问；尽吾本分在素位中②，是圣贤第一等工夫③。

【注释】

①收吾本心在腔子里：把自己的良心放在胸中。本心，指良心。《孟子·告子上》："乡为身死而不受，今为宫室之美为之；乡为身死而不受，今为妻妾之奉为之；乡为身死而不受，今为所识穷乏者得我而为之：是亦不可以已乎？此之谓失其本心。"宋孙奭疏曰："是谓失其本心者矣，是忘其义者矣，故本心即义也。"腔子，胸膛。

②尽吾本分在素位中：在当下自己的位置上尽到自己应尽的义务。尽，竭尽。本分，自己应尽的责任和义务。素位，当下自己所在的位置或职位。《礼记·中庸》："君子素其位而行，不愿乎其外。"

③工夫：此处指修养。

【译文】

把自己的良心放入胸中，这便是圣贤最高的学问；在自己的职位上尽到责任和义务，这便是圣贤最高的修养。

【源流】

宋程颐、程颢《二程遗书》卷七："心要在腔子里。"

万理澄澈①，则一心愈精而愈谨；一心凝聚②，则万理愈通而愈流。

【注释】

①万理澄澈（chéng chè）：万事万物的道理都明白透彻。澄澈，明白，透彻。

②凝聚：专注，专心。

【译文】

如果万事万物的道理都明白透彻了，那么心思便愈加专精细密；如果心思能够专注，那么万事万物的道理便愈加通达流畅。

【源流】

清唐鉴《国朝学案小识》卷六《守道学案》"安丘刘先生"条："（刘

先生）又曰：'万理澄澈，则一心愈精而愈谨；一心凝聚，则万理愈通而愈流。'"按，"安丘刘先生"即刘源渌，《格言联璧》此句当本于清代刘源渌之语。

宇宙内事，乃己分内事^①；己分内事，乃宇宙内事。

【注释】

①分（fèn）内：本分之内，即职责所在。

【译文】

宇宙内千千万万的事，都是自己的分内之事；自己的分内之事，就是宇宙内千千万万的事。

【源流】

清黄宗羲《宋元学案》卷五十八"文安陆象山先生九渊"条："他日读古书，至'宇宙'二字，解者曰：'四方上下曰宇，往古来今曰宙。'忽大省曰：'宇宙内事，乃己分内事。己分内事，乃宇宙内事。'"按，《格言联璧》此句当本于宋代陆九渊之语。

身在天地后，心在天地前；身在万物中，心在万物上。

【译文】

身体虽然在天地万物产生之后产生，但内心的思考已经追溯到了天地万物产生之前；身体虽然存在于世间万物之中，但内心却已升到了天地之上关照着这个世界。

【源流】

清金武祥《粟香随笔》卷六："'身在天地后，心在天地前'，邵康节先生诗也；'身在万物中，心在万物上'，陈白沙先生诗也；均于高超处有学问在。"按，《格言联璧》"身在天地后"二句当本于宋代邵雍之语，"身在万物中"二句当本于明代陈白沙之语。

　　观天地生物气象①，学圣贤克己工夫②。下手处是自强不息，成就处是至诚无息③。

【注释】

①天地生物：即天地万物。气象：景色，景象。

②克己：克制约束自己。《论语·颜渊》："子曰：'克己复礼为仁。一日克己复礼，天下归仁焉。'"

③至诚无息：达到道德修养的最高境界后仍坚持不懈。至诚，道德修养的最高境界。无息，不停息，坚持不懈。

【译文】

观察天地万物的景象，学习圣贤克己修身的功夫。从自强不息做起，达到道德修养的最高境界后仍坚持不懈方为圆满。

　　以圣贤之道教人易，以圣贤之道治己难。以圣贤之道出口易，以圣贤之道躬行难①。以圣贤之道奋始易②，以圣贤之道克终难③。圣贤学问是一套，行王道必本天德④；后世学问是两截，不修己只管治人⑤。

【注释】

①躬（gōng）行：亲自践行。《孔子家语·六本》："闻善必躬行之，然后导之。"

②奋始：开始。

③克终：能够坚持到最后。克，能够。《诗经·大雅·荡》："靡不有初，鲜克有终。"

④行王道必本天德：推行王道必须要以君主自己的德行作为根本。
　　行，推行。本，以……为根本。天德，此处指君主自身的德行。

⑤不修己只管治人：不修养自己的德行却只顾着管理别人。修，修
　　养德行。管，顾。治，管理。

【译文】

用圣贤之道来教育别人很容易，然而用圣贤之道来管理自己却很
难。嘴里讲讲圣贤之道很容易，但要亲自践行圣贤之道却很难。践行圣
贤之道刚开始的时候很容易，但要自始至终地践行却很难。圣贤之道是
一套完整的学问，就像君主想要推行王道必须以其自身的德行作为根
本。后代的学问将这套完整的体系割裂开来，不修养自己的德行只顾着
管教别人。

【源流】

明吕坤《呻吟语》卷一："圣贤学问是一套，行王道必本天德。后世
学问是两截，不修己，只管治人。"

明吕坤《呻吟语》卷二："以圣贤之道教人易，以圣贤之道治人难。
以圣贤之道出口易，以圣贤之道躬行难。以圣贤之道奋始易，以圣贤之
道克终难。以圣贤之道当人易，以圣贤之道慎独难。以圣贤之道口耳易，
以圣贤之道心得难。以圣贤之道处常易，以圣贤之道处变难。过此六难，
真到圣贤地步。区区六易，岂不君子路上人，终不得谓笃实之士也。"

　　口里伊周①，心中盗跖②，责人而不责己③，名为挂榜圣
贤④；独懔明旦⑤，幽畏鬼神⑥，知人而复知天⑦，方是有根
学问。

【注释】

①伊周：伊尹、周公，分别是商、周两朝开国贤臣。此处指品行高尚。
　　伊尹，名挚，商朝开国名臣，辅佐商汤成就王业。商汤离世之后，

其孙太甲即位，太甲无道，伊尹流放太甲于桐宫，后来太甲悔过，伊尹将其迎回，恢复太甲王位，伊尹离世，商王葬以天子之礼。周公，姓姬，名旦，周文王之子，辅佐周武王伐纣建立周王朝。武王离世之后，周公摄政辅佐武王之子成王，平定叛乱，制礼作乐，为西周王朝统治奠定了坚实基础。

②盗跖（zhí）：相传为春秋末期大盗，生性残暴，后多泛指强盗。此处指内心险恶。《孟子·滕文公下》："孟子曰：'仲子所居之室，伯夷之所筑与？抑亦盗跖之所筑与？所食之粟，伯夷之所树与？抑亦盗跖之所树与？是未可知也。'"宋孙奭疏："盗跖最为贪利者。"

③责：要求。

④挂榜圣贤：徒有其表、没有真正才学德行的伪君子。

⑤独懔（lǐn）明旦：白天独处时能做到态度严肃。明旦，天亮。此处指白天。

⑥幽畏鬼神：夜晚时能够敬畏鬼神。幽，光线暗。此处指晚上。

⑦知人而复知天：不仅懂得人事，更懂得天道。

【译文】

嘴里说着伊尹、周公等圣贤高尚的德行，心中却如同盗跖那样的强盗一般卑劣不堪，只要求别人而不要求自己，这种人就叫"挂榜圣贤"；白天独处能够严肃不苟，夜晚能够敬畏鬼神，懂得人事更懂得天道，这才是有根底的学问。

　　无根本底气节，如酒汉殴人①，醉时勇，醒来退消②，无分毫气力；无学问底识见，如庖人炀灶③，面前明，背后左右，无一些照顾。

【注释】

①殴（ōu）：打。

②退消：退却消散。

③庖（páo）人炀（yáng）灶：厨师面对着炉灶烧火。庖人，厨师。《墨
　　子·尚贤中》："伊挚，有莘氏女之私臣，亲为庖人，汤得之，举以
　　为己相。"炀，此处指烧火。灶，炉灶。

【译文】

没有根本的气节，就如同醉汉打人，酒醉时很勇敢，酒醒后勇气便消
退了，没有一点力气；没有学问的见识，就如同厨师面对着炉灶烧火，只
有面前光明，而背后左右，却都注意不到。

【源流】

明吕坤《呻吟语》卷四："无根本底气节，如酒汉殴人，醉时勇，醒时
索然无分毫气力；无学问底识见，如庖人炀灶，面前明，背后左右无一些
照顾。"

　　理以心得为精①，故当沉潜②，不然，耳边口头也；事以
典故为据③，故当博洽④，不然，臆说杜撰也⑤。

【注释】

①心得：用心领悟。

②沉潜（qián）：潜心、专注。《尚书·洪范》："沉潜刚克，高明柔克。"

③事以典故为据：事理要以有出处的文献作为根据。典故，此处指
　　有文献出处作为依托和根据。

④博洽：学识广博。《后汉书·杜林传》："林从竦受学，博洽多闻，
　　时称通儒。"

⑤臆（yì）说杜撰（zhuàn）：毫无根据的叙述和虚构。臆说，毫无根
　　据的叙述。杜撰，臆造，虚构。宋王楙《野客丛书·杜撰》："杜默
　　为诗，多不合律。故言事不合格者为杜撰……然仆又观俗有杜田、
　　杜园之说，杜之云者，犹言假耳。"

【译文】

道理要用心领悟才会理解得好,所以应当潜下心来体会,不然就会流于耳边口头的说教了;事理要以典故为依据,所以应当学识广博,不然就会流于毫无根据的叙述和虚构了。

【源流】

明吕坤《呻吟语》卷二:"理以心得为精,故当沉潜,不然耳边口头也;事以典故为据,故当博洽,不然臆说杜撰也。"

只有一毫粗疏处①,便认理不真,所以说惟精②,不然,众论淆之而必疑③;只有一毫二三心④,便守理不定⑤,所以说惟一⑥,不然,利害临之而必变⑦。

【注释】

①粗疏:疏忽大意。

②惟精:唯有精益求精。《尚书·大禹谟》:"人心惟危,道心惟微,惟精惟一,允执厥中。"精,精益求精。

③众论淆(xiáo)之而必疑:众说纷纭必定让人心生疑惑。众论,众人的言论。淆,混乱。

④二三心:三心二意,不专心。

⑤守理不定:坚守真理不够坚定。

⑥惟一:唯有专一。

⑦利害临之而必变:面临利害权衡时必然改变立场。利害,利害权衡。变,此处指改变自己坚守的真理。

【译文】

哪怕有那么一丝一毫的疏忽大意,便会认识道理认识得不真切,所以说唯有精益求精,如若不然,面对众说纷纭的混乱局面必然会犹豫不决;哪怕有那么一丝一毫的三心二意,便不能坚守真理,所以说唯有坚定专一,如若不然,面对利害权衡时必然改变原来的立场。

【源流】

明吕坤《呻吟语》卷一:"只有一毫粗疏处,便认理不真,所以说'惟精',不然众论淆之而必疑;只有一毫二三心,便守理不定,所以说'惟一',不然,利害临之而必变。"

接人要和中有介[①],处事要精中有果[②],认理要正中有通[③]。

【注释】

①接人:待人。和:宽和。介:耿直。此处指坚持原则。

②处事:处理事情。精:精细,周密。果:果断,果敢。

③正:严正。此处指坚持原则和立场。通:通达。此处指面对具体问题时要不失灵活与变通。

【译文】

对待他人要宽和而不失原则,处理事情要周密而不失果断,认识道理要严正而不失通达。

【源流】

明吕坤《呻吟语》卷三:"接人要和中有介,处事要精中有果,认理要正中有通。"

在古人之后,议古人之失则易[①];处古人之位,为古人之事则难。

【注释】

①失:功过得失。

【译文】

生在古人之后，议论古人的功过得失很容易；如果自己处在古人的位置上，做古人所做的事就会发现很难。

【源流】

清张培仁《静娱亭笔记》卷二："薛文清公曰：'在古人后，议古人之事易；处古人地，为古人之事难。'"按，薛瑄谥文清，《格言联璧》此句当本于明代薛瑄之语。

古之学者，得一善言，附于其身①；今之学者，得一善言，务以悦人②。

【注释】

①附于其身：放在自己身上。此处指将"善言"付诸实践。

②务以悦人：竭力讨好他人。务，竭力，尽力。悦人，讨好他人。

【译文】

古时候的学者，得到一句有益的话，就会将它放到自己身上付诸实践；现在的学者，得到一句有益的话，却竭力用它来取悦他人。

【源流】

清刘宝楠《论语正义》卷十七"子曰：'古之学者为己，今之学者为人'"条注文："《北堂书钞》引《新序》云：'齐王问墨子曰：古之学者为己，今之学者为人，何如？对曰：古之学者，得一善言，以附其身；今之学者，得一善言，务以悦人。'"按，《格言联璧》此句当本于《新序》载录墨子之语。

古之君子，病其无能也①，学之；今之君子，耻其无能也，讳之②。

【注释】

①病：担忧，担心。

②讳（huì）：回避，忌讳。

【译文】

古时的君子，担心自己没有能力，所以努力学习；现在的君子，认为无能很可耻，所以极力掩饰。

【源流】

明吕坤《呻吟语》卷二："古之君子，病其无能也，学之；今之君子，耻其无能也，讳之。"

眼界要阔，遍历名山大川；度量要宏①，熟读五经诸史②。

【注释】

①宏：大。

②熟读五经诸（zhū）史：熟读儒家经典和历代史书。五经，《诗》《书》《礼》《易》《春秋》五部儒家经典的合称。此处"五经"代指儒家经典。诸史，历代史书。

【译文】

要想眼界开阔，就要广泛游历各地名山大川；要想度量宏大，就要熟读儒家经典和历代史书。

先读经，后读史，则论事不谬于圣贤①；既读史，复读经，则观书不徒为章句②。

【注释】

①论事不谬（miù）于圣贤：讨论事情不会与圣贤的观点相违背。谬，错误，违背。

②章句：古诗文的章节和句子。

【译文】

先读经书，后读史书，讨论事情就不会与圣贤的观点相违背；读过了史书，再来读经书，看书就不会只停留在章节句子的层面了。

读经传则根柢厚，看史鉴则议论伟①；观云物则眼界宽②，去嗜欲则胸怀净③。

【注释】

①史鉴：《史记》与《资治通鉴》合称，后多代指史书。

②云物：景色，景物。此处指饱览名山大川美景。

③嗜（shì）欲：不良的嗜好和欲望。

【译文】

读圣贤经传，学问才会根底扎实；看历代史书，议论才会精辟奇伟；饱览山川美景，眼界才会开阔；戒除不良嗜好和欲望，心地才能纯洁干净。

一庭之内，自有至乐；六经以外①，别无奇书②。

【注释】

①六经：指《诗》《书》《礼》《乐》《易》《春秋》六部儒家经典。此处代指儒家经典。

②奇书：值得称道的书。

【译文】

家中庭院之内，总有些事物会带给人莫大的快乐；儒家六经之外，便没有值得称道的书了。

读未见书，如得良友；见已读书，如逢故人。

【译文】

读没有看过的书，就如同得到益友；读看过的书，就如同遇到故人。

【源流】

明陈继儒《陈眉公集》卷十四《读书十六观》："吾读未见书如得良友，见已读书如逢故人。"

何思何虑，居心当如止水[①]；勿助勿忘[②]，为学当如流水。

【注释】

①居心：内心。

②勿助勿忘：指学习既不要因急于求成而操之过急，又不要因不求上进而荒废学业。助，此处指操之过急。忘，此处指不思进取。这两种态度都是不可取的。《孟子·公孙丑上》："必有事焉而勿正，心勿忘，勿助长也。"

【译文】

何须过多地思考和忧虑呢？内心应当如止水一般平静；不要操之过急，也不要不思进取，学习当如流水一般持之以恒。

心不欲杂[①]，杂则神荡而不收[②]；心不欲劳[③]，劳则神疲而不入[④]。

【注释】

①杂：杂乱。此处指心中想法太多。

②神荡而不收：精神涣散无法集中精力。荡，涣散。收，集中精力。

③劳:劳累。

④神疲而不入:精神疲惫无法充分思考。入,此处指充分思考。

【译文】

心不要杂乱,内心杂乱就会心神涣散而不能集中精力;心不要劳累,内心劳累就会精神疲惫而不能充分思考。

【源流】

清毛德琦《白鹿书院志》卷六《学规》"参议葛寅亮课语"条:"心不欲杂,杂则神荡而不收;心不欲劳,劳则神疲而不入。"按,《格言联璧》此句当本于明代葛寅亮之语。

心慎杂欲①,则有余灵②;目慎杂观③,则有余明④。

【注释】

①心慎杂欲:内心慎防各种杂念。慎,慎防,小心防备。

②余灵:更多精力。此处指思维敏捷。

③目慎(shèn)杂观:眼睛慎防到处乱看。

④余明:更多目力。此处指目光敏锐。

【译文】

内心要慎防杂念,使心思保持纯净,这样才能思维敏捷;眼睛要慎防乱看,使眼睛得到休息,这样才能目光敏锐。

案上不可多书①,心中不可少书;鱼离水则鳞枯,心离书则神索②。

【注释】

①案:书桌,桌子。

②索:尽,无。

【译文】

书桌上的书不宜太多，心中的书却不能太少；鱼离开了水身体就会干枯，心离开了书精神便没了寄托。

【源流】

明缪昌期《从野堂存稿》卷八《论文》："案上不可多书，胸中不可少书。"

志之所趋①，无远勿届②，穷山距海不能限也③；志之所向，无坚不入④，锐兵精甲不能御也⑤。

【注释】

①志之所趋：心志所向。

②无远勿届：再远的地方也会到达。《尚书·大禹谟》："惟德动天，无远弗届。"届，到。

③穷山距海不能限也：高山大海也不能阻挡。穷山，极高的山。距海，即巨海，深广的大海。限，阻挡，阻隔。

④无坚不入：即无坚不摧。此处指任何困难都无法阻拦。入，攻占。

⑤锐兵精甲不能御也：再强大的军队也无法抵挡。锐兵精甲，代指强大的军队。锐兵，锋利的兵器。精甲，坚实的盔甲。御，抵御，抵挡。

【译文】

只要追求远大的志向，就没有到不了的地方，即便高山大海也无法阻挡；只要追求远大的志向，任何困难都无法阻拦，即便强大的军队也无法抵挡。

【源流】

宋真德秀《西山文集》卷三十三《志道字说》："志之所趋，亡远不达，穷山钜海不能限也；志之所向，无坚不入，锐兵精甲不能御也。"

把意念沉潜得下①，何理不可得；把志气奋发得起，何事不可做。

【注释】

①意念：心思。

【译文】

只要把心思沉潜下来，没有什么事理会弄不明白；只要能把志气激发起来，没有什么事情会做不好。

【源流】

明吕坤《呻吟语》卷一："把意念沉潜得下，何理不可得？把志气奋发得起，何事不可做？"

不虚心，便如以水沃石①，一毫进入不得；不开悟②，便如胶柱鼓瑟③，一毫转动不得。

【注释】

①沃：浇，灌。

②开悟：用心领悟。

③胶柱鼓瑟（sè）：鼓瑟时要依靠转动瑟上的弦柱来调节声音，如果用胶粘住弦柱就不能调节音的高低。比喻固执拘泥，不知变通。语出《史记·廉颇蔺相如列传》："王以名使括，若胶柱而鼓瑟耳。括徒能读其父书传，不知合变也。"

【译文】

求学不虚心，便像用水浇石头一样，水一点儿也进不去；学习不用心领悟，便像用胶粘住弦柱的瑟一样，一丝一毫都无法转动，没有收获。

不体认①，便如电光照物，一毫把捉不得②；不躬行，便如水行得车，陆行得舟，一毫受用不得。

【注释】

①体认：体察，认识。

②把捉：把握，掌握。

【译文】

学习不用心体察认识，便像闪电照过万物，一点儿也没掌握得到；学习不亲自实践，便像走水路却要用车，走旱路却要用船，一点儿作用都起不了。

读书贵能疑，疑乃可以启信^①；读书在有渐^②，渐乃克底有成^③。

【注释】

①启信：启发人们探寻真理。信，此处指真知、真理。

②渐：循序渐进。

③克底有成：坚持到底，有所成就。

【译文】

读书贵在有怀疑精神，有怀疑才能启发人们探寻真理；读书要循序渐进，能循序渐进才能坚持到底有所成就。

看书求理，须令自家胸中点头^①；与人谈理，须令人家胸中点头。

【注释】

①点头：认可，赞同。

【译文】

读书学习求取道理，应当得到自己内心的认可；和别人谈论道理，应当得到别人内心的认可。

　　爱惜精神，留他日担当宇宙^①；蹉跎岁月^②，问何时报答君亲^③。戒浩饮^④，浩饮伤神。戒贪色^⑤，贪色灭神^⑥。戒厚味^⑦，厚味昏神^⑧。戒饱食，饱食闷神^⑨。戒多动，多动乱神。戒多言，多言损神^⑩。戒多忧，多忧郁神^⑪。戒多思，多思挠神^⑫。戒久睡，久睡倦神。戒久读，久读苦神。

【注释】

①留他日担当宇宙：留待将来担当天下大任。留，留待。他日，将来。宇宙，此处代指天下。

②蹉（cuō）跎（tuó）岁月：虚度光阴，荒废时日。蹉跎，虚度，荒废。南朝齐谢朓《和王长史卧病》："日与岁眇邈，归恨积蹉跎。"

③君亲：君王与父母。

④浩饮：又作豪饮，即酗酒。

⑤贪色：贪恋美色。

⑥灭：销蚀，耗尽。

⑦厚味：美味，亦可指肉食。

⑧昏：神志迟缓。

⑨闷：精神懈怠，昏昏欲睡。

⑩损：损耗，减少。

⑪郁：郁结，压抑。

⑫挠（náo）：扰乱，打乱。

【译文】

爱惜自己的精神，以待将来担当天下大任；虚度光阴，试问何时才能报答君王和父母。戒酗酒，酗酒损伤神志。戒好色，好色销蚀神志。戒美味，美味使人神志迟钝不敏。戒饱食，饱食使人神志昏沉欲睡。戒多动，多动使人神志混乱。戒多言，多言使人神志损耗。戒多忧，多忧使人神志郁结。戒多思，多思使人神志扰乱。戒久睡，久睡使人神志疲乏。戒久读，久读使人神志劳顿。

【源流】

明董其昌《画禅室随笔》卷三《评文》："只是这个人须要养起精神，戒浩饮，浩饮伤神。戒贪色，贪色灭神。戒厚味，厚味昏神。戒饱食，饱食闷神。戒多动，多动乱神。戒多言，多言损神。戒多忧，多忧郁神。戒多思，多思挠神。戒久睡，久睡倦神。戒久读，久读苦神。人若调养得精神完固，不怕文字无解悟，无神气，自是矢口动人，此是举业最上一乘。"

存养类

【题解】

"存养类"一章主要讲的是"存心养性"的问题。所谓"存心养性"即修养心性，编者站在中国古代儒家思想的传统立场上认为人性本善，因此要好好保有上天赋予的善良本心，要细心养护上天赋予的善良本性。一切美好的品行都蕴含在这本心本性之中。因此，本章的修养心性也主要是围绕如何能够充分地发扬这本心本性来谈的。"存心养性"一方面要努力发挥本心和本性，另一方面要努力克制各种情感和欲望。对自己的喜怒哀乐等情感要做到有所节制，对自己的各种欲望不仅要加以克制，更要努力去除。不仅要在与人交往时严格要求自己，更要在独处时不能有丝毫放松与懈怠，要用心体悟"慎独"的深刻意义并付诸实践。在修养心性的过程中，也要遵循循序渐进的原则，不可操之过急，重要的是能够持之以恒。在谈及修身之道的同时，还补充以处世之法。在编者看来，对于生活在社会之中的每个人而言，潜心修养心性、胸怀仁义与参透世事风霜、保持中和同等重要。所以，编者不厌其烦地强调控制愤怒等不良情绪的必要性，以及改正狭隘、自私、偏激、急躁等不良性格的紧迫性。将修身之法与处世之道有机地融合到了一起，使"存心养性"既有传统儒家思想中的超凡脱俗，又不失世俗社会层面的人间烟火气。最后，编者更不忘告诫人们，真正高尚的品格都是在漫长的点滴积累中养成的。修养身心应当达到的境界是心气平和、行事稳重、胸怀宽广，并且在生活中严于律己、宽以待人，处事圆融而不失原则，为人亲和而不失威严。

性分不可使不足①，故其取数也宜多：曰穷理②，曰尽性③，曰达天④，曰入神⑤，曰致广大⑥，极高明⑦；情欲不可使有余⑧，故其取数也宜少：曰谨言，曰慎行，曰约己⑨，曰清心⑩，曰节饮食，寡嗜欲⑪。

【注释】

①性分(fèn)：犹天性，本性。

②穷理：探究天下万事的道理。穷，探究。

③尽性：充分探究天下万物的本性。尽，充分探究，彻底了解。《周易·说卦》："穷理尽性，以至于命。"

④达天：洞悉天地变化的规律。达，洞悉，知晓。

⑤入神：探察自然万物内在的精妙与神奇。

⑥致广大：实现人生气象的宽广和博大。致，实现，达到。

⑦高明：指眼界高远与思想睿智。

⑧情欲：泛指人的嗜好和欲念。

⑨约己：约束自己，管束自己。约，约束，管束。

⑩清心：去除杂念，使内心平和安宁。

⑪寡嗜(shì)欲：戒除不良嗜好。寡，减少。此处指去除、戒除。嗜欲，感官上的享乐。

【译文】

对人天性的培养不可以不充分，所以应当充足些：探究天下万事之理，充分了解世间万物的本性，洞悉天地变化的规律，探察自然万物内在的精妙与神奇,实现人生气象的宽广和博大、眼界的高远与思想的睿智。嗜好和欲念不可以太多,所以应当减少些:说话谨慎,行事小心,约束自己,去除杂念,节制饮食,戒除不良嗜好。

【源流】

明吕坤《呻吟语》卷一:"性分不可使亏欠,故其取数也常多:曰穷理,曰尽性,曰达天,曰入神,曰致广大、极高明;情欲不可使赢余,故其取数也常少:曰谨言,曰慎行,曰约己,曰清心,曰节饮食、寡嗜欲。"

大其心,容天下之物;虚其心^①,受天下之善^②;平其心^③,论天下之事;潜其心^④,观天下之理;定其心^⑤,应天下之变。

【注释】

①虚:使……虚心。此处指谦虚。

②善:美德。

③平:使……平和。此处指平静。

④潜:使……潜心。此处指专注。

⑤定:使……安定。此处指沉稳。

【译文】

使心胸开阔,方能容纳天下万物;使内心谦虚,方能接受天下美德;使内心平和,方能纵论天下大事;使内心专注,方能观览世间道理;使内心沉稳,方能应对世事变迁。

【源流】

明吕坤《呻吟语》卷一:"大其心,容天下之物;虚其心,受天下之善;平其心,论天下之事;潜其心,观天下之理;定其心,应天下之变。"

清明以养吾之神^①,湛一以养吾之虑^②,沉警以养吾之识^③,刚大以养吾之气^④,果断以养吾之才,凝重以养吾之器⑤,宽裕以养吾之量⑥,严冷以养吾之操⑦。

【注释】

①清明:清净明澈。

②湛(zhàn)一:精纯专一。湛,精纯。

③沉警以养吾之识:培养胆识,使之沉稳机警。沉警,沉稳机警。识,
　　胆识,胆量。

④刚大:刚正宽宏。

⑤凝重:庄严稳重。

⑥宽裕:宽广豁达。

⑦严冷:严正肃穆。

【译文】

培养心神,使之清净明澈。培养思虑,使之精纯专一。培养胆识,使
之沉稳机警。培养心气,使之刚正宽宏。培养才干,使之果敢决断。培
养风度,使之庄严稳重。培养度量,使之宽广豁达。培养操守,使之严正
肃穆。

【源流】

明刘宗周《学言》:"清明以养吾之神,湛一以养吾之虑,沉警以养吾
之识,刚大以养吾之气,果断以养吾之才,凝重以养吾之器,宽裕以养吾
之量,严冷以养吾之操。"

自家有好处,要掩藏几分,这是涵育以养深①;别人不
好处,要掩藏几分,这是浑厚以养大②。

【注释】

①涵育:涵养化育。此处指个人内心德行的修炼。深:深度。此处
　　指有深厚的德行修养。

②浑厚:质朴敦厚,原指人心地淳朴。此处作动词,使人变得质朴敦
　　厚。大:大度,宽容。

【译文】

自己有优点,要掩饰一些,这是通过涵养化育来培养自己的深度;别
人有缺点,要掩饰一些,这是通过达到质朴敦厚来培养自己的大度。

【源流】

明吕坤《呻吟语》卷一:"自家好处,掩藏几分,这是涵蓄以养深;别
人不好处,要掩藏几分,这是浑厚以养大。"

以虚养心①,以德养身②;以仁养天下万物,以道养天下
万世。

【注释】

①虚:谦虚,虚心。养:培养,修养。心:内心,心地思想。

②德:道德,德行。养:培养。此处指约束。身:此处指行为。

【译文】

用谦虚修养自己的内心,用道德约束自己的行为;用仁爱关照天下
万物,用天地大道感召世间万代。

【源流】

明吕坤《呻吟语》卷一:"以虚养心,以德养身,以善养人,以仁养天
下万物,以道养万世。养之义,大矣哉!"

涵养冲虚①,便是身世学问②;省除烦恼③,何等心性
安和④。

【注释】

①涵养:修养内心。冲虚:淡泊谦逊。

②身世：人生在世。

③省除：排除，去除。

④心性：内心。安和：安宁平和。

【译文】

修养内心使之淡泊谦逊，这便是人生在世的学问；排除烦恼，内心是多么安宁平和。

颜子四勿^①，要收入来^②，闲存工夫^③，制外以养中也^④；孟子四端^⑤，要扩充去^⑥，格致工夫^⑦，推近以暨远也^⑧。

【注释】

①颜子四勿：所谓"四勿"，即孔子教诲颜回的四条戒律：非礼勿视，非礼勿听，非礼勿言，非礼勿动。语出《论语·颜渊》："颜渊问仁，子曰：'克己复礼为仁。一日克己复礼，天下归仁焉。为仁由己，而由人乎哉？'颜渊曰：'请问其目？'子曰：'非礼勿视，非礼勿听，非礼勿言，非礼勿动。'颜渊曰：'回虽不敏，请事斯语矣。'"

②收入：放在心里，牢记在心。

③闲存：闲暇时修养心性。闲，闲暇。存，存养，存心养性。此处指修身养性。

④制外以养中也：抵制外界的干扰以修养自己的内心。制，抵制。中，内心。

⑤孟子四端：所谓"四端"，即孟子提出人应当具备恻隐、羞恶、辞让、是非四条基本标准。语出《孟子·公孙丑上》："恻隐之心，仁之端也；羞恶之心，义之端也；辞让之心，礼之端也；是非之心，智之端也。人之有是四端也，犹其有四体也。"

⑥扩充：推广发扬。

⑦格致：格物致知。探寻事物本源，获取知识真理。《礼记·大学》：

"古之欲明明德于天下者，先治其国，欲治其国者，先齐其家；欲齐其家者，先修其身；欲修其身者，先正其心；欲正其心者，先诚其意；欲诚其意者，先致其知；致知在格物。物格而后知至，知至而后意诚，意诚而后心正，心正而后身修，身修而后家齐，家齐而后国治，国治而后天下平。"

⑧推近以暨（jì）远也：由近及远。此处指要从自己身边小事做起，而后逐渐上升到家国天下的境界。

【译文】

颜子的"四勿"，要牢记心中，闲暇时修养心性，要通过抵制外界干扰的方法来修养自己的内心；孟子的"四端"，要推广发扬，格物致知的锻炼，要通过由近及远，从自己身边小事做起。

喜怒哀乐而曰未发①，是从人心直溯道心②，要他存养；未发而曰喜怒哀乐，是从道心指出人心③，要他省察④。

【注释】

①发：表现，表露。《礼记·中庸》："喜怒哀乐之未发谓之中，发而皆中节谓之和。中也者，天下之大本也；和也者，天下之达道也。"
②人心：人的本心本性。溯（sù）：此处指上升。道心：道德修为之性。
③指：此处指回归。
④省（xǐng）察：内省，用心体悟。

【译文】

虽有喜怒哀乐之情但并不表现出来，这是从人的本心本性直接上升到道德修为之性的境界，这是需要人们潜心修养的；虽然没有任何情感却要作出喜怒哀乐之情，这是从道德修为之性回归人之本心本性，这是需要人们用心体悟的。

存养宜冲粹①,近春温②;省察宜谨严③,近秋肃④。

【注释】

①冲粹(cuì):中和纯正。

②近春温:好像春天般温暖和润。近,好比,好像。春温,春天般温暖和润。

③谨(jǐn)严:谨慎严格。

④近秋肃:好像秋天般严正肃穆。

【译文】

存心养性应当中和纯正,好像春天般温暖和润;反省自察应当谨慎严格,好像秋天般严正肃穆。

就性情上理会①,则曰涵养。就念虑上提撕②,则曰省察。就气质上销熔③,则曰克治④。

【注释】

①性情:性格脾气。理会:关心,在意。

②念虑:念头,想法。此处指思想意识。提撕:提醒,注意。《诗经·大雅·抑》:"匪面命之,言提其耳。"汉郑玄注:"我非但对面语之,亲提撕其耳。此言以教道之,孰不可启觉。"

③气质:此处指品格德行。销熔(róng):熔解。此处指改变、改善。

④克治:克己自制。

【译文】

性格脾气上需要在意的地方,要涵养心性。思想意识上需要注意的地方,要反省自察。品格德行上需要改善的地方,要克己自制。

【源流】

明刘宗周《学言》:"就性情上理会,则曰涵养。就念虑上提撕,则曰省察。就气质上销熔，则日克治。"

一动于欲^①，欲胜则昏；一任乎气^②，气偏则戾。

【注释】

①动：萌动，萌生。

②任乎气：即任气，意气用事。

【译文】

一旦萌生欲望，欲望强烈便会心智昏乱；一旦听任意气，气量褊狭便会性情乖戾。

人心如谷种，满腔都是生意，物欲锢之而滞矣^①，然而生意未尝不在也，疏之而已耳；人心如明镜，全体浑是光明，习染薰之而暗矣^②，然而明体未尝不存也，拭之而已耳。

【注释】

①锢（gù）：禁锢，束缚。滞：使……停滞。此处指使……无法生长。

②薰（xūn）：熏染，习染。

【译文】

人心就像种子，心中满是勃勃生机，物欲禁锢使其无法生长，然而勃勃的生机并未消失，疏远那些物欲即可；人心就像镜子，全身都是光明洁净，恶习熏染它使其黯淡无光，然而光明的本质不曾逝去，拭去那些恶习即可。

【源流】

明刘宗周《学言》："人心如谷种，满腔都是生意，物欲锢之而滞矣，然而生意未尝不在也，疏之而已耳；又如明镜，全体浑是光明，习染薰之而暗矣，然而明体未尝不存也，拂拭而已耳。"

果决人似忙^①，心中常有余闲^②；因循人似闲^③，心中常有余忙^④。

【注释】

①果决：果断坚决。

②余闲：闲暇，悠闲。

③因循（xún）：此处指迟延拖拉。

④余忙：忙碌，忙乱。

【译文】

处事果断坚决的人看上去好像很忙，其实心中常常很悠闲；迟延拖拉的人看上去好像很悠闲，其实心中常常很忙乱。

【源流】

明吕坤《呻吟语》卷三："果决人似忙，心中常有余闲；因循人似闲，心中常有余累。"

寡欲故静^①，有主则虚^②。

【注释】

①寡欲：欲望少。静：此处指内心清净，没有杂念。

②主：主见。此处指远大的目标与坚定的志向。虚：虚心求教，虚怀若谷。

【译文】

欲望少所以内心清净，有主见才能虚怀若谷。

【源流】

宋黎靖德《朱子语类》卷十九："如伊川云：'有主则实'，又云：'有主则虚'。"按，程颐为洛阳伊川人，世称伊川先生。此处"有主则虚"句当本于宋代程颐之语。

无欲之谓圣^①，寡欲之谓贤^②，多欲之谓凡^③，徇欲之谓狂^④。

【注释】

①圣：圣人，指德行完备建立功业的人，如尧、舜、禹、周文王、周武王、周公、孔子等。

②贤：贤人，指德才兼备的人。

③凡：凡人，普通人。

④徇欲：纵欲，放纵欲望而不加节制。徇，顺从。狂：任性放荡之人。

【译文】

没有欲念的人称为圣人，欲念很少的人称为贤人，欲念多的人称为凡人，放纵欲望的人称为狂人。

【源流】

清孙奇逢《理学宗传》卷二十五《明儒考》"陈几亭龙正"条："无欲之谓圣，寡欲之谓贤，多欲之谓凡，徇欲之谓狂。"按，陈龙正，号几亭，《格言联璧》此句当本于明代陈龙正之语。

人之心胸，多欲则窄，寡欲则宽。人之心境，多欲则忙，寡欲则闲。人之心术^①，多欲则险^②，寡欲则平^③。人之心事^④，多欲则忧，寡欲则乐。人之心气^⑤，多欲则馁^⑥，寡欲则刚^⑦。

【注释】

①心术：心思。

②险：阴险，狠毒。

③平：平和。

④心事：心绪。

⑤心气：此处指人的精神状态。

⑥馁（něi）：颓废，丧气。

⑦刚：此处指刚健有力，精神饱满。

【译文】

人的心胸，欲念多则狭窄，欲念少则宽广。人的心境，欲念多则忙乱，欲念少则悠闲。人的心术，欲念多则阴险，欲念少则平和。人的心绪，欲念多则忧愁，欲念少则快乐。人的精神状态，欲念多则颓废丧气，欲念少则刚健有力。

宜静默①，宜从容，宜谨严，宜俭约②，四者切己良箴③。忌多欲，忌妄动④，忌坐驰⑤，忌旁骛⑥，四者切己大病⑦。常操常存⑧，得一恒字诀⑨；勿忘勿助，得一渐字诀。

【注释】

①静默：沉静少言。静，沉静。默，少言。

②俭约：勤俭节约。

③切己良箴（zhēn）：与自身密切相关的劝诫良言。切己，与自身密切相关。箴，劝诫之言。

④妄动：草率行事。

⑤坐驰：终日安坐空想。《庄子·人间世》："瞻彼阒者，虚室生白，吉祥止止。夫且不止，是之谓坐驰。"晋郭象注："此为以应坐之日而驰骛不息也。"

⑥旁骛（wù）：心神不专。

⑦病：缺点，问题。

⑧常操常存：长久地坚持与存养。

⑨得一恒字诀：诀窍在一个"恒"字。恒，恒久，持久。诀，诀窍，秘诀。

【译文】

应当沉静少言，从容不迫，谨慎严肃，勤俭节约，这四点都是与自身密切相关的良言。切忌欲念过多,草率行事,终日空想,心神不专,这四点都是与自身密切相关的大问题。好的原则要长久地坚持与存养,诀窍在一个"恒"字;在坚持的过程中既不要懈怠也不要冒进,诀窍在一个"渐"字。

敬守此心①,则心定;敛抑其气②,则气平。

【注释】

①敬:恭敬谨慎。守:坚守。此心:人之本心。

②敛(liǎn)抑:收敛抑制。气:此处指人的虚妄浮躁之气。

【译文】

恭敬谨慎地坚守人的本心,则内心安定;收敛抑制虚妄浮躁之气,则心平气和。

人性中不曾缺一物①,人性上不可添一物。

【注释】

①人性:此处指人的本性。

【译文】

人的本性中本来就不缺少什么,因此人的本性中亦不可再添加什么。

君子之心不胜其小①,而器量涵盖一世②;小人之心不胜其大③,而志意拘守一隅④。

【注释】

①不胜:极其,非常。小:此处指思虑周全细密。

②涵盖：包举，包容。一世：此处指全世界。

③大：此处指念头夸大空洞。

④志意：志向，志趣。拘守：拘泥，局限。一隅（yú）：一角。此处指狭小。

【译文】

君子的心思非常细密，但器量却可以包举天地；小人的心思极其夸大，但志向却局限一隅。

【源流】

清刁包《潜室札记》卷上："君子之心不胜其小，而器量涵盖一世；小人之心不胜其大，而志意拘守一隅。"

怒是猛虎，欲是深渊。

【译文】

愤怒好比猛虎，欲望好似深渊。

忿如火①，不遏则燎原②；欲如水③，不遏则滔天④。

【注释】

①忿（fèn）：愤怒。

②不遏（è）则燎（liáo）原：不加遏制则难以控制。遏，遏制，控制。燎原，大火蔓延原野。此处指愤怒情绪难以控制。

③水：此处指洪水，水灾。

④滔天：大水弥漫无际。此处指欲望泛滥无法控制。

【译文】

愤怒好比烈火，不加遏制便会大火燎原；欲望恰似洪水，不加遏制便会大水滔天。

惩忿如摧山^①，窒欲如填壑^②；惩忿如救火，窒欲如防水^③。

【注释】

①惩：控制。摧：平夷。此处指铲平。

②窒（zhì）：遏制。壑（hè）：沟壑，深谷。

③水：此处指洪水，水灾。

【译文】

控制愤怒如同铲平高山，遏制欲望如同填平沟壑；控制愤怒如同救火，遏制欲望如同防洪。

【源流】

宋黎靖德《朱子语类》卷第七十二：“只是惩忿如摧山，窒欲如填壑，迁善如风之迅，改过如雷之烈。”

宋黎靖德《朱子语类》卷第七十二：“惩忿如救火，窒欲如防水。”按，《格言联璧》此句皆本于朱子之语。

心一松散^①，万事不可收拾^②。心一疏忽^③，万事不入耳目^④。心一执着^⑤，万事不得自然^⑥。

【注释】

①松散：松懈，懈怠。

②收拾：整治。此处指做好。

③疏忽：粗疏大意。

④不入耳目：看不到听不到，注意不到。

⑤执着：此处指固执拘泥，做事不够灵活变通。

⑥自然：此处指顺其自然，即事物按照其自身规律发展。

【译文】

内心一懈怠，什么事都做不好。内心一疏忽，什么事都注意不到。

内心一固执，什么事都无法使之顺其自然。

【源流】

明吕坤《呻吟语》卷一："心一松散，万事不可收拾。心一疏忽，万事不入耳目。心一执着，万事不得自然。"

一念疏忽①，是错起头②；一念决裂③，是错到底。

【注释】

①一念疏忽：此处指一念之间造成错误。

②起头：起点，开始。

③决裂：此处指坚定错误不思悔改。

【译文】

一念之间造成错误而不加在意，这是犯错的开始；一念之间造成错误而坚决不改，这是一错到底。

古之学者，在心上做工夫①，故发之容貌②，则为盛德之符③；今之学者，在容貌上做工夫，故反之于心④，则为实德之病⑤。

【注释】

①心：此处指内心修养。

②发：外化，表现。

③盛德之符：高尚德行的标志。盛德，此处指高尚的德行。符，标志，表征。

④反：此处指反观。

⑤实德之病：高尚德行的祸害。实德，广德，即高尚的德行。病，损害，祸害。

【译文】

古时的学者,在内心修养上下功夫,所以外化到容貌仪表上,就成了高尚德行的标志;如今的学者,只在容貌仪表上下功夫,所以反观他们的内心,就成了高尚德行的损害。

【源流】

明吕坤《呻吟语》卷二:"古之学者,在心上做工夫,故发之外面者,为盛德之符;今之学者,在外面做工夫,故反之于心,则为实德之病。"

处逆境心①,须用开拓法②;处顺境心,要用收敛法③。

【注释】

①处逆境心:对待逆境的心态。

②开拓:此处指心态积极乐观。

③收敛:此处指心态内敛克制。

【译文】

对待逆境的心态,要用积极乐观的方法;对待顺境的心态,要用内敛克制的方法。

世路风霜①,吾人炼心之境也②。世情冷暖③,吾人忍性之地也④。世事颠倒⑤,吾人修行之资也⑥。

【注释】

①世路:世间,社会。风霜:风霜雨雪。此处指人生坎坷、世态炎凉。

②炼心:修炼内心。

③世情冷暖:人情冷暖。

④忍性:坚忍性情。此处指磨炼性情意志。《孟子·告子下》:"所以动心忍性,曾益其所不能。"

⑤颠倒：人生坎坷，命运不佳。

⑥修行之资：修为进步的资本。

【译文】

世间风霜雨雪，是我磨炼心性的地方。社会人情冷暖，是我坚忍性情的地方。人生坎坷命运不佳，是我修为进步的资本。

青天白日的节义，自暗室屋漏中培来①；旋乾转坤的经纶②，自临深履薄处得力③。

【注释】

①"青天白日的节义"二句：青天白日般的节操道义，从隐秘深暗的独处之处中培养而来。此二句意在说明，一切高尚品行皆根植于独处之时亦能严格约束自己，即"慎独"。青天白日，原指晴朗的天空和耀眼的太阳。此处形容人的品行高洁傲岸。暗室，隐秘独处的房间。屋漏，房间的深暗之处。《诗经·大雅·抑》："相在尔室，尚不愧于屋漏。"毛传："西北隅谓之屋漏。"

②旋乾转坤：此处指治理国家。经纶：治理国家的才干和能力。

③临深履（lǚ）薄：靠近深渊脚踩薄冰，后指做事小心谨慎。临，靠近，接近。深，深渊，深潭。履，踩，踏。薄，薄冰。得力：受益，获得。《诗经·小雅·小旻》："战战兢兢，如临深渊，如履薄冰。"

【译文】

青天白日般的节操道义，从隐秘深暗的独处之中培养而来；治理国家的才干能力，从做事小心谨慎中获得。

【源流】

明洪应明《菜根谭》"前集"："青天白日的节义，自暗室漏屋中培来；旋乾转坤的经纶，从临深履薄处操出。"

名誉自屈辱中彰①，德量自隐忍中大②。

【注释】

①彰（zhāng）：彰显。

②大：扩大，提升。

【译文】

名望和声誉在忍受屈辱中得到彰显，德行和度量在克制忍耐时得到提升。

谦退是保身第一法①，安详是处事第一法②，涵容是待人第一法③，洒脱是养心第一法④。

【注释】

①谦退：谦逊退让。保身：保全自身。

②安详：从容稳重。

③涵容：宽容和善。

④洒脱：简单自然。

【译文】

谦逊退让是保全自身的首要方法，从容稳重是为人处世的首要方法，宽容和善是待人接物的首要方法，简单自然是修养身心的首要方法。

【源流】

明吕坤《呻吟语》卷一："宁耐是思事第一法，安详是处事第一法，谦退是保身第一法，涵容是处人第一法，置富贵、贫贱、死生、常变于度外，是养心第一法。"

喜来时，一检点①。怒来时，一检点。怠惰时，一检点。

放肆时②，一检点。

【注释】

①检点：谨言慎行，注意举止。

②放肆（sì）：此处指放纵任性。

【译文】

喜出望外时，应当谨言慎行。怒不可遏时，应当谨言慎行。懒散懈怠时，应当谨言慎行。放纵任性时，应当谨言慎行。

【源流】

明吕坤《呻吟语》卷二："喜来时一点检，怒来时一点检，怠惰时一点检，放肆时一点检，此是省察大条款。"

　　自处超然①，处人蔼然②；无事澄然③，有事斩然④；得意淡然⑤，失意泰然⑥。

【注释】

①自处：独处。

②处人蔼（ǎi）然：与人相处时和气友善。处人，与人相处。蔼然，和气友善。

③澄（chéng）然：内心清净，心无杂念。

④斩然：坚决果断，干脆利落。

⑤淡然：平淡面对，心气平和。

⑥泰然：安然自若，内心宁静。

【译文】

独处时超然脱俗，与人相处时和气友善；闲来无事时内心清净，处理事情时坚决果断；春风得意时平淡面对，失意落魄时安然自若。

【源流】

明耿定向《耿天台先生文集》卷十九："自处超然,处人蔼然。无事澄然,有事斩然。得意淡然,失意泰然。"

静能制动①,沉能制浮②,宽能制褊③,缓能制急④。

【注释】

①制:克制,克服。动:此处指妄动,盲目行动。

②沉:沉稳,稳重。浮:浮躁,急躁。

③褊(biǎn):心胸狭窄,气量狭小。

④急:急躁,焦虑。

【译文】

平静能够克制妄动,沉稳能够克制浮躁,宽宏大量能够克制心胸狭窄,安闲舒缓能够克制焦虑急躁。

【源流】

明薛瑄《读书录》卷七:"静能制动,沉能制浮,宽能制褊,缓能制急。"

天地间真滋味①,惟静者能尝得出②;天地间真机括③,惟静者能看得透。

【注释】

①滋味:味道。此处指奥秘,即深刻的道理。

②尝:品味。此处指领会。

③机括(kuò):原为弩上发射箭矢的机件,后指事物的关键。此处指大道。

【译文】

天地间真正的奥秘,唯有内心平静的人方能领会得到;天地间真正的大道,唯有内心平静的人方能参悟得透。

【源流】

明吕坤《呻吟语》卷一："天地间真滋味,惟静者能尝得出;天地间真机括,惟静者能看得透;天地间真情景,惟静者能题得破。"

有才而性缓①,定属大才;有智而气和②,斯为大智。

【注释】

①性缓:性情稳重。

②气和:心气平和。

【译文】

有才华且性情稳重,这样的人必定是有大才华的人;有智慧且心气平和,这样的人必定是有大智慧的人。

气忌盛①,心忌满②,才忌露③。

【注释】

①盛:盛气凌人。

②满:骄傲自满。

③露:显露炫耀。

【译文】

气势切忌盛气凌人,内心切忌骄傲自满,才华切忌显露炫耀。

【源流】

明吕坤《呻吟语》卷二："气忌盛,心忌满,才忌露。"

有作用者①,器宇定是不凡②;有智慧者,才情决然不露③。

【注释】

①作用:作为,成就。

②器宇：胸襟，气度。

③才情：此处指才华。

【译文】

有作为的人，胸襟必定不同于凡夫俗子；有智慧的人，才华必然不会轻易显露炫耀。

意粗性躁，一事无成；心平气和，千祥骈集①。

【注释】

①千祥骈（pián）集：好运连连。千祥，众多的吉祥好运。骈集，众多且接连不断地到来。

【译文】

粗心大意性情急躁，终究一事无成；内心平静性情和顺，必定好运连连。

世俗烦恼处，要耐得下①。世事纷扰处②，要闲得下。胸怀牵缠处③，要割得下④。境地浓艳处⑤，要淡得下。意气忿怒处，要降得下。

【注释】

①要耐得下：要耐得下性子，即要有耐心。

②纷扰：纷繁琐碎。

③胸怀：此处指心中。牵缠：牵挂。

④要割得下：要割舍得下。

⑤境地浓艳处：身处美色之中。浓艳，浓妆艳抹，多指美色。

【译文】

世间尘俗烦恼，要耐得下性子。世事纷繁琐碎，要保持闲适的心情。

心中有所牵挂,要割舍得下。身处美色之中,要淡然面对。任性发怒之时,要克制得住。

【源流】

明耿定向《耿天台先生文集》卷十九:"俗情浓酽处澹得下,俗情苦恼处耐得下,俗情劳扰处闲得下,俗情牵缠处斩得下,斯为学问得力处也。"按,《格言联璧》此句当化用明代耿定向之语。

以和气迎人①,则乖沴灭②。以正气接物③,则妖氛消④。以浩气临事⑤,则疑畏释⑥。以静气养身⑦,则梦寐恬⑧。

【注释】

①迎人:待人。

②乖沴(lì):冲突,纷争。

③接物:交往。

④妖氛(fēn):不祥的事情。此处指麻烦与灾祸。

⑤浩气:浩然之气,刚正之气。《孟子·公孙丑上》:"我知言,我善养吾浩然之气。"临事:做事,处理事情。

⑥疑畏:疑虑,担忧。释:消散,消失。

⑦静气:沉静之气。养身:修养身心。

⑧则梦寐(mèi)恬(tián):则夜里睡觉自然安稳。梦寐,梦中。此处指睡觉。恬,安稳。

【译文】

以和善之气待人,则冲突纷争自会消灭。以正直之气交往,则麻烦灾祸自会消失。以浩然之气做事,则疑虑担忧自会消散。以沉静之气修养身心,则夜里睡觉自然安稳。

观操存①,在利害时②。观精力,在饥疲时③。观度量,在喜怒时。观镇定,在震惊时④。

【注释】

①操存:操守,修养。

②利害:此处指危难。

③饥疲:饥饿疲惫。

④震惊:震撼惊骇。

【译文】

看一个人的操守,要在他身处危难的时候。看一个人的精力,要在他饥饿疲惫的时候。看一个人的度量,要在他高兴或愤怒的时候。看一个人的镇定,要在他震撼惊骇的时候。

【源流】

明吕坤《呻吟语》卷四:"观操存在利害时,观精力在饥疲时,观度量在喜怒时,观存养在纷华时,观镇定在震惊时。"

大事难事看担当,逆境顺境看襟度①,临喜临怒看涵养,群行群止看识见②。

【注释】

①襟(jīn)度:胸襟,气度。

②群行群止:与众人同处。识见:见识。

【译文】

面对大事难事时,可以看出一个人是否有担当。遭逢逆境顺境时,可以看出一个人是否有胸襟。遇到喜悦或发怒时,可以看出一个人是否有修养。与众人一起时,可以看出一个人是否有见识。

【源流】

明吕坤《呻吟语》卷二:"大事难事看担当,逆境顺境看襟度,临喜临怒看涵养,群行群止看识见。"

　　轻当矫之以重①,浮当矫之以实②,褊当矫之以宽③,执当矫之以圆④,傲当矫之以谦,肆当矫之以谨,奢当矫之以俭,忍当矫之以慈⑤,贪当矫之以廉,私当矫之以公⑥。放言当矫之以缄默⑦,好动当矫之以镇静⑧,粗率当矫之以细密,躁急当矫之以和缓⑨,怠惰当矫之以精勤⑩,刚暴当矫之以温柔⑪,浅露当矫之以沉潜⑫,溪刻当矫之以浑厚⑬。

【注释】

　①轻:此处指轻浮,不庄重。矫(jiǎo):纠正,改正。重:此处指稳重。

　②浮:此处指浮躁。实:此处指踏实。

　③褊(biǎn):心胸狭窄,气量狭小。宽:此处指宽宏大量。

　④执:此处指固执。圆:此处指圆融。

　⑤忍:此处指残忍。

　⑥公:公义,正直无私。

　⑦放言:言语放纵,随意发表言论。缄(jiān)默:沉默。

　⑧镇静:沉静。

　⑨躁急:躁动急切。和缓:平和舒缓。

　⑩精勤:专心勤勉。

　⑪刚暴:刚猛粗暴。温柔:温和柔顺。

　⑫浅露:浅薄直率。沉潜:此处指深沉内敛。

　⑬溪刻:刻薄挑剔。浑厚:朴实敦厚。

【译文】

　　轻浮应当用稳重来纠正,浮躁应当用踏实来纠正,心胸狭窄应当用宽宏大量来纠正,固执应当用圆融来纠正,傲慢应当用谦逊来纠正,任意应当用严谨来纠正,奢侈应当用俭朴来纠正,残忍应当用仁慈来纠正,贪婪应当用廉洁来纠正,自私应当用公义来纠正。言语放纵应当用沉默少言来纠正,好动应当用沉静来纠正,粗心大意应当用心思细密来纠正,躁动急切应当用平和舒缓来纠正,懈怠懒惰应当用专心勤勉来纠正,刚猛粗暴应当用温和柔顺来纠正,浅薄直率应当用深沉内敛来纠正,刻薄挑剔应当用朴实敦厚来纠正。

持躬类

【题解】

"持躬类"一章主要讲的是具体的律己修身之法。这一章中的"律己"有两重意思,狭义上针对个人,讲的是如何严格约束自己;广义上针对家庭,讲的是如何管理家中事务。这一章与"存养类"一章的区别在于,"存养类"侧重面对外物时的内心修炼,而"持躬类"则侧重在内心修炼的同时如何更好地应对外物。从篇幅上也可发现这一章是整部书的重点。首先,严格约束自己就是在修养身心的基础上追求一种中和的境界,即享受生活顺境的同时要能充分预见将会面临的逆境,在承受生活逆境的同时更要坚信会迎来顺境。只有这样,人处在顺境才会时刻谨慎、冷静地面对眼前的快乐,而处在逆境也会时刻积极、乐观地对待眼前的困苦。个人荣辱、家族兴衰都是这个道理。其次,在应对外物时不仅要树立高尚的道德和节操,更要时刻小心谨慎,处处宽和待人。只有这样才能生活平安,与人关系融洽。最后,在日常与人的交往中,编者又再次提醒人们,最重要的是培养高尚的道德,使内心纯洁没有各种不良欲念,无论与谁相处都要遵守规矩、谨慎小心。面对人生和事业时,要顺从天道保持中和,切不可把事情做得过了头。只有这样,自己和家人才能获得长久的平安和幸福。"持躬类"一章的这些思想都在告诫人要时刻保持一种"中"的状态。这种对"中"的追求既体现了对我国传统儒家"中庸"思想的传承,又兼有些许道家的哲思与睿智。此外,篇中为导人向善也加入了佛教"因果报应"的思想元素。虽然有一定的时代局限,但不可否认在当时的时代确有其积极的价值与作用。篇中的一些"持中""守拙"等思想,都是对人生况味的深刻理解和体悟,需要用心慢慢揣摩。

聪明睿知①,守之以愚②。功被天下③,守之以让④。勇力振世⑤,守之以怯⑥。富有四海⑦,守之以谦⑧。

【注释】

①睿知(ruì zhì):睿智。知,同"智"。

②守之以愚:用朴实敦厚来保全自己。愚,此处指朴实敦厚。

③功被天下:功劳盖世。功,功劳。被,盖。

④让:此处指谦逊退让。

⑤勇力振世:勇猛有力威震天下。振,同"震",威震。

⑥怯:此处指小心谨慎。

⑦富有四海:富有天下,形容极其富有。四海,天下。

⑧谦:此处指谦卑恭敬。

【译文】

聪明睿智之人,应当用朴实敦厚来保全自己。功劳盖世之人,应当用谦逊退让来保全自己。勇猛有力威震天下之人,应当用小心谨慎来保全自己。富有四海之人,应当用谦卑恭敬来保全自己。

【源流】

《孔子家语》卷二:"子曰:'聪明睿智,守之以愚。功被天下,守之以让。勇力振世,守之以怯。富有四海,守之以谦。此所谓损之又损之之道也。'"按,《格言联璧》此句当本于孔子之语。

不与居积人争富①,不与进取人争贵②,不与矜饰人争名③,不与少年人争英俊,不与盛气人争是非④。

【注释】

①居积:囤积财货。争:攀比,比较。

②进取:汲汲功名,追逐官位。贵:高贵,地位高。

③矜(jīn)饰:自夸粉饰。

④不与盛气人争是非:不与盛气凌人之人争论对错。盛气,盛气凌人。争是非,争论对错。

【译文】

不与囤积财货之人攀比财富多少,不与汲汲功名之人攀比地位高低,不与自夸粉饰之人攀比名气大小,不与年轻俊朗之人攀比相貌美丑,不与盛气凌人之人争论对错。

【源流】

明吕坤《呻吟语》卷三:"余行年五十,悟得五不争之味,人问之,曰:'不与居积人争富,不与进取人争贵,不与矜饰人争名,不与简傲人争礼节,不与盛气人争是非。'"

富贵,怨之府也①。才能,身之灾也。声名,谤之媒也②。欢乐,悲之渐也。

【注释】

①怨之府也:怨恨产生的根源。府,保存文书或财物的地方。此处指根源。

②谤(bàng)之媒也:招致毁谤的缘由。谤,毁谤,诋毁。媒,使双方发生关系的人或事物。此处指缘由。

【译文】

荣华富贵,常常是怨恨产生的根源。才华能力,往往为自己招来灾祸。声望名誉，大多成为招致毁谤的缘由。高兴快乐，往往导致悲伤之事随之产生。

【源流】

明吕坤《呻吟语》卷三："富贵，家之灾也。才能，身之殃也。声名，谤之媒也。欢乐，悲之藉也。"

　　浓于声色[①]，生虚怯病[②]。浓于货利[③]，生贪饕病[④]。浓于功业[⑤]，生造作病[⑥]。浓于名誉[⑦]，生矫激病[⑧]。

【注释】

①浓于声色：沉溺于歌舞美色。浓，此处指沉溺。声色，歌舞美色。

②虚怯：心虚胆怯。

③浓于货利：贪财好利。浓，此处指贪慕。货利，财货利益。

④贪饕（tāo）：贪婪，贪得无厌。《汉书·礼乐志》："夫承千岁之衰周，继暴秦之余敝，民渐渍恶俗，贪饕险诐，不闲义理。"唐颜师古注："贪甚曰饕，言行险曰诐。"

⑤浓于功业：热衷于建功立业。浓，此处指热衷。

⑥造作：矫揉造作。

⑦浓于名誉：醉心于声望名誉。浓，此处指醉心。

⑧矫激：矫情偏激，违背常理。

【译文】

沉溺于歌舞女色，便会造成心虚胆怯的毛病。贪财爱利，便会造成贪得无厌的毛病。热衷于建功立业，便会造成矫揉造作的毛病。醉心声誉名望，便会造成矫情偏激的毛病。

【源流】

清徐士銮《医方丛话》卷八："《澄怀园语》引他山石曰：'万病之毒，皆生于浓。浓于声色，生怯虚病。浓于货利，生贪饕病。浓于功业，生造作病。浓于名誉，生矫激病。吾一味解之，曰淡。'"按，《医方丛话》成书于光绪十二年（1886），晚于《格言联璧》，而成书于乾隆丙寅（1746）的《澄怀园语》中载录此句亦是作者张廷玉摘自他处，足见此句在彼时传诵之广，故《格言联璧》此句似摘自《澄怀园语》抑或他书。

　　想自己身心①，到后日置之何处②；顾本来面目③，在古时像个甚人④。

【注释】

①身心：此处指所作所为，即一个人的行为和思想。

②后日：将来。置之何处：此处指被人如何评价。

③顾：反观。本来：真实。

④甚：什么。

【译文】

　　想想自己的所作所为，到将来被人如何评价；反观自己的真实面目，在古时像个什么人。

　　莫轻视此身①，三才在此六尺②；莫轻视此生，千古在此一日③。

【注释】

①此身：此处指自己。

②三才在此六尺：天地三才的精华都蕴藏在这六尺之躯里。三才，指天、地、人。《三字经》："三才者，天地人。"六尺，指人的身躯。

③千古：此处指流传千古的功业。一日：此处指当下。

【译文】

不要轻视自己，要知道天地三才的精华都蕴藏在这六尺之躯里；不要轻视这一生,要知道流传千古的功业都是从当下做起。

【源流】

明高攀龙《高子遗书》卷八下:"莫轻视此身,三才在此六尺;莫轻视此生,千古在此一日。"

醉酒饱肉①,浪笑恣谈②,却不错过了一日③;妄动胡言④,昧理纵欲⑤,却不作孽了一日⑥。

【注释】

①醉酒:此处指饮酒不加节制。饱肉:饱食荤肉。

②浪笑恣(zì)谈:放纵大笑肆意谈论。《诗经·国风·终风》:"终风且暴,顾我则笑。谑浪笑敖,中心是悼。"毛传:"言戏谑不敬"。

③却:此处表反问。错过:此处指荒废。

④妄动:盲目行动。

⑤昧(mèi)理纵欲:违背天理放纵欲望。昧,违背。

⑥却不作孽(niè)了一日:岂不是做了一整天的恶事。却,表反问,难道。作孽,作恶。

【译文】

饮酒不节饱食荤肉,放纵大笑肆意谈论,难道不是荒废一天大好时光呢?盲目行动胡乱讲话,违背天理放纵欲望,难道不是做了一整天的恶事?

【源流】

明吕坤《呻吟语》卷二:"若醉酒饱肉,恣谈浪笑,却不错过了一日;乱言妄动,昧理纵欲,却不作孽了一日。"

不让古人①,是谓有志②;不让今人,是谓无量③。

【注释】

①不让：不亚于，不逊于。此处指一争高下。

②志：此处指志气。

③无量：没有度量。

【译文】

同古时建功立业之人一较高下，是有志气；同当下有所成就之人一较高下，是没度量。

　　一能胜千，君子不可无此小心①；吾何畏彼②，丈夫不可无此大志。

【注释】

①"一能胜千"二句：一人有时能够战胜千人，君子不可不对此多加小心。此二句意在说明，即便再弱小的人，也有爆发出强大能量的可能，因此君子在待人之时应当小心谨慎。

②吾何畏彼：我何必怕他。《孟子·滕文公上》："成覵谓齐景公曰：'彼丈夫也，我丈夫也，吾何畏彼哉！'"

【译文】

一个人有时能够战胜千个人，因此君子不可不对此多加小心；我何必畏惧他，大丈夫不能没了这股志气。

　　怪小人之颠倒豪杰①，不知惟颠倒方为小人。惜君子之受世折磨②，不知惟折磨乃见君子。

【注释】

①颠倒：此处指陷害，迫害。

②折磨：困苦磨难。

【译文】

人们常常责怪小人陷害英雄豪杰,其实人们不知道只有做陷害人勾当的才是小人。人们常常怜惜君子遭受困苦磨难,其实人们不知道只有在困苦磨难中才能体现出真正的君子。

经一番挫折,长一番识见。容一番横逆①,增一番器度。省一分经营②,多一分道义。学一分退让,讨一分便宜③。去一分奢侈,少一分罪过。加一分体贴④,知一分物情⑤。

【注释】

①容一番横(hèng)逆:忍一番强暴无理。横逆,强暴无理。《孟子·离娄下》:"有人于此,其待我以横逆,则君子必自反也,我必不仁也,必无礼也,此物奚宜至哉!"汉赵岐注:"横逆者,以暴虐之道来加我也。"

②省一分经营:少一分盘算。省,少。经营,此处指盘算。

③讨一分便宜:得一分方便。讨,得。便宜,此处指方便。

④体贴:此处指体悟,用心体会。

⑤物情:世道人情。

【译文】

经一番困苦磨难,方能长一番见识。忍一番强暴无理,方能增一分器量。少一分盘算,方能多一分道义。学会一分退让,方能讨得一分方便。减去一分奢侈,方能少一分罪过。对社会多一分用心体会,方能多了解一分世道人情。

【源流】

清陈弘谋《五种遗规》之"史搢臣《愿体集》":"经一番挫折,长一番识见。多一分享用,减一分福泽。加一分体贴,知一分物情。"按,史搢臣,名典,《格言联璧》此句当本于清代史典编撰之文句。

不自重者取辱^①，不自畏者招祸^②，不自满者受益，不自是者博闻^③。

【注释】

①自重：自尊自爱，谨言慎行。取辱：自取其辱。

②自畏：心怀畏惧。

③自是：自以为是。博闻：见闻广博，见多识广。

【译文】

不自尊自爱的人往往自取其辱，不心怀畏惧的人多会招致灾祸，不骄傲自满的人方能获益良多，不自以为是的人才能见闻广博。

【源流】

宋李邦献《省心杂言》："不自重者取辱，不自畏者招祸，不自满者受益，不自是者博闻。吉凶悔吝自天然，无有不由己者。"

有真才者，必不矜才^①；有实学者^②，必不夸学^③。

【注释】

①矜（jīn）才：恃才傲物，因有才能而骄傲自大。

②实学：真正有学问。

③夸学：夸耀自己的学问。

【译文】

有真正才能的人，必定不会恃才傲物；有真正学问的人，必定不会夸耀自己的学问。

盖世功劳，当不得一个矜字^①；弥天罪恶，最难得一个悔字^②。

【注释】

①当不得：承担不起。矜：此处指骄傲自大。

②弥天：漫天。此处指巨大。

【译文】

纵然有盖世功劳，也承担不起一丝自大之念；纵然有弥天大罪，最难得的是一颗悔过之心。

【源流】

明洪应明《菜根谭》："盖世功劳，当不得一个矜字；弥天罪过，当不得一个悔字。"

诿罪掠功①，此小人事。掩罪夸功，此众人事。让美归功②，此君子事。分怨共过③，此盛德事④。

【注释】

①诿（wěi）：推脱，推诿。掠：争抢，争夺。

②让美归功：把好事让给他人、把功劳归于他人。美，好事。归功，将功劳归于他人。

③分怨共过：主动分担他人遭受的责备、与他人共同承担过错。

④盛德：此处指德行高尚之人。

【译文】

推脱罪责、争抢功劳，这是小人做的事。掩饰罪过、夸耀功劳，这是普通人做的事。能把好事让给他人、将功劳归于他人，这是君子做的事。能够主动分担他人遭受的责备、与他人共同承担过错，这是德行高尚之人做的事。

毋毁众人之名①，以成一己之善②；毋役天下之理③，以护一己之过。

【注释】

①毁：诋毁。

②成：成就。善：此处指美名。

③役：征引，借用。

【译文】

不要通过诋毁众人的名声，来成就自己一个人的美名，不要通过征引世间所有的道理，来维护自己一个人的过错。

【源流】

清陈弘谋《五种遗规》之"魏叔子《日录》"："毋毁众人之名，以成一己之善；毋役天下之理，以护一己之过。"按，魏叔子，名禧，《格言联璧》此句当本于明末清初魏禧编撰之文句。

大著肚皮容物①，立定脚跟做人②。实处著脚③，稳处下手④。

【注释】

①大著肚皮：此处指敞开胸怀。容物：容纳天下万物。

②立定脚跟：站稳脚跟。此处指做人摆正自己的身心。

③实处著（zhuó）脚：从实处落脚，即脚踏实地。

④稳处下手：从稳妥处入手，即沉稳处事。

【译文】

敞开胸怀容纳天下万物，摆正身心做人。脚踏实地，沉稳处事。

【源流】

明徐石麒《可经堂集》卷十一："大著肚皮容人，立定脚跟做事。"

明吕坤《呻吟语》卷三："实处著脚，稳处下手。"

读书有四个字最要紧，曰"阙疑好问"①；做人有四个字最要紧,曰"务实耐久"②。

【注释】

①阙（quē）疑好问：疑问之处暂且留置,不懂之处多多请教。阙疑,遇到疑惑,暂时留置而不作臆测。《论语·为政》："子曰:'多闻阙疑,慎言其余,则寡尤。'"好问,遇到不懂之处多向人请教。《尚书·仲虺之诰》："好问则裕,自用则小。"汉孔安国注："问则有得,所以足。不问专固,所以小。"

②务实耐久：踏踏实实,始终如一。务实,此处指做人踏踏实实。耐久,此处指做人始终如一,经久不变。

【译文】

读书有四个字是最重要的,这四个字就是"阙疑好问";做人有四个字最重要,这四个字是"务实耐久"。

事当快意处须转①,言到快意时须住②。

【注释】

①快意：此处指顺心得意,欢快高兴。转：此处指有所收敛。

②住：停住,停止。

【译文】

处理事情在顺心得意时应当有所收敛,与人谈话在欢快高兴时应当适时停住。

【源流】

明沈佳胤《翰海》卷十二"陈眉公《杂纪》"："事当快意处须转,言当快意时须住。"按,陈继儒,号眉公,《格言联璧》此句当本于明代陈继儒编撰之文句。

物忌全胜①,事忌全美②,人忌全盛③。

【注释】

①全胜:只盛不衰。

②全美:尽善尽美,过于完美。

③全盛:此处指做人过于刚强,只知进取而不懂退让。

【译文】

自然万物不会只盛不衰,世间之事不应苛求完美,生而为人不可只知进取而不懂退让。

【源流】

明吕坤《呻吟语》卷二:"物忌全盛,事忌全美,人忌全名。"

尽前行者地步窄①,向后看者眼界宽②。

【注释】

①尽前行:一味前行,即只知道进取而不懂退让。地步:境地,境况。

②向后看:懂得退让。

【译文】

一味前行的人,他的境地会愈加狭窄;懂得退让的人,他的眼界和胸怀会愈加广阔。

【源流】

清陈弘谋《五种遗规》之"史搢臣《愿体集》":"尽前行者地步窄,向后看者眼界宽。"按,史搢臣,名典,《格言联璧》此句当本于清代史典编撰之文句。

留有余不尽之巧,以还造化①。留有余不尽之禄②,以还朝廷。留有余不尽之财,以还百姓。留有余不尽之福,以贻子孙^③。

【注释】

①"留有余不尽之巧"二句：将发挥不完的多余聪明才智回报天地。
　巧，此处指聪明才智。还，回报，回赠。造化，此处指天地自然。
　《庄子·大宗师》："今一以天地为大炉，以造化为大冶，恶乎往而
　不可哉！"

②禄（lù）：俸禄，朝廷拨发给大臣的俸银和禄米。

③贻（yí）：留给，传给。

【译文】

将发挥不完的多余聪明才智回报天地，将使用不完的多余俸银禄米
回报朝廷，将花费不完的多余钱财物品回报百姓，将享用不完的多余福
气好运留给子孙。

【源流】

宋无名氏《湖海新闻夷坚续志》"王参政伯大，号留耕，尝作《四留
铭》于座右云：'留有余不尽之巧，以还造化。留有余不尽之禄，以还朝廷。
留有余不尽之财，以还百姓。留有余不尽之福，以还子孙。'贴于壁间，
忽一日云雾四起，霞光照耀，失其书所在。"按，《格言联璧》此句当本于
宋代王伯大之座右铭。

四海和平之福，只是随缘^①；一生牵惹之劳^②，总因好事^③。

【注释】

①随缘：此处指顺应自然，即道家思想中"无为而治"的理念。

②牵惹：牵挂。此处指忧虑。

③好（hào）事：此处指爱参与他人事务。

【译文】

四海之内和平安宁，不过是顺其自然的结果；一生忧虑劳苦，多半是

因为爱参与他人事务。

花繁柳密处拨得开①，方见手段②；风狂雨骤时立得定③，才是脚跟④。

【注释】

①花繁柳密：此处指各种诱惑。拨得开：此处指不为所动。

②手段：此处指本领。

③风狂雨骤：此处指危难。立得定：此处指守得住节操和底线。

④脚跟：此处指做人的原则和根本。

【译文】

身处各种诱惑之中而不为所动，这才能体现出一个人的本领；面对危难之时守得住节操底线，这才是做人有原则和根本的体现。

步步占先者①，必有人以挤之；事事争胜者，必有人以挫之②。

【注释】

①占先：争先。

②挫：打击，挫败。

【译文】

事事都要争先的人，必然会遭到他人的排挤；事事都争强好胜的人，必然会遭到他人的打击。

能改过，则天地不怒①；能安分②，则鬼神无权③。

【注释】

①怒：此处指怪罪，降罪。

②安分：安分守己。

③鬼神无权：无须向鬼神祈福保祐。权，此处指鬼神的庇护和保祐。

【译文】

人如果能改过自新，那么天地神明也不会怪罪；人如果能安分守己，那么便无须向鬼怪神仙祈福保祐了。

言行拟之古人①，则德进②。功名付之天命③，则心闲。报应念及子孙④，则事平⑤。受享虑及疾病⑥，则用俭。

【注释】

①拟：此处指学习。

②德进：德行精进，德行提高。

③付之天命：此处指顺应天命，顺应自然。

④报应：中国传统社会中一种劝人向善的因果逻辑，人所做之事都会在将来得到回报，认为善有善报，恶有恶报。念及：想到。

⑤事平：此处指办事公正。

⑥受享：享受，享用。虑及：考虑到。

【译文】

言行学习古人，德行自然精进提高。功名利禄顺应天命，内心自然闲适安宁。想到因果报应会影响子孙后代，办事自然公平公正。考虑到过度享受会导致疾病，生活用度自然节俭朴素。

【源流】

明顾璘《顾璘诗文集》之《凭几集续编》卷二："言行拟之古人，则德进。功名付之天命，则心闲。报应念及子孙，则事平。受享虑及疾病，则用俭。"

安莫安于知足，危莫危于多言，贵莫贵于无求，贱莫贱于多欲，乐莫乐于好善①，苦莫苦于多贪，长莫长于博谋②，短莫短于自恃③，明莫明于体物④，暗莫暗于昧几⑤。

【注释】

①好（hào）善：乐于向善。

②博谋：广泛听取他人意见。

③自恃（shì）：自以为是，骄傲自大。

④明：此处指聪明。体物：体察、洞悉事物。

⑤暗莫暗于昧几（mèi jī）：最大的愚蠢就是对事物细微的发展变化浑然不知。暗，此处指愚蠢。昧几，无法发现事物细微的发展变化。昧，暗，此处指无法发现。几，征兆，事物细微的发展变化。《周易·系辞下》："几者，动之微，吉之先见者也。"

【译文】

人生最大的平安就是知足，最大的危险就是多言，最高贵的心态就是无所求，最低贱的心态就是欲望多，最大的快乐就是乐于向善，最大的痛苦就是贪婪，最大的优点就是广泛听取他人意见，最大的缺点就是自以为是、骄傲自大，最大的聪明就是能够细致入微地体察、洞悉事物，最大的愚蠢就是对事物的发展变化浑然不知。

【源流】

汉黄石公《素书·本德宗道章》："安莫安于忍辱，先莫先于修德，乐莫乐于好善，神莫神于至诚，明莫明于体物，吉莫吉于知足，苦莫苦于多愿，悲莫悲于精散，病莫病于无常，短莫短于苟得，幽莫幽于贪鄙，孤莫孤于自恃，危莫危于任疑，败莫败于多私。"明高攀龙《高子遗书》卷一："安莫安于知足，危莫危于多言，贵莫贵于不求，贱莫贱于多欲。"按，《格言联璧》此句当化用秦汉时黄石公及明代高攀龙之语。

能知足者，天不能贫。能忍辱者^①，天不能祸。能无求者，天不能贱。能外形骸者^②，天不能病。能不贪生者，天不能死。能随遇而安者，天不能困^③。能造就人材者^④，天不能孤。能以身任天下后世者^⑤，天不能绝^⑥。

【注释】

①忍辱：忍受屈辱。

②外形骸（hái）：不过分爱惜养护自己身体。

③困：困顿。

④造就：培养，培育。

⑤身：自己。任：承担。

⑥绝：后继无人。

【译文】

能够知足的人，上天不会让他贫穷。能够忍受屈辱的人，上天不会降给他灾祸。能够无所求的人，上天不会让他卑贱。能够不过分爱惜养护自己身体的人，上天不会让他有疾病。能够不贪生怕死的人，上天不会让他死于灾祸。能够随遇而安的人，上天不会让他艰难困顿。能够培养人才的人，上天不会让他孤独无助。能够以自己一身来担当天下后世的人，上天定会让他儿孙满堂后继有人。

【源流】

清魏禧《魏叔子文集》："能知足者，天不能贫。能无求者，天不能贱。能外形骸者，天不能病。能不贪生者，天不能死。能随遇而安者，天不能困。能造就人才者，天不能孤。能以身任天下后世者，天不能绝。"按，魏叔子，名禧，《格言联璧》此句当本于明末清初魏禧编撰之文句。

天薄我以福^①，吾厚吾德以迓之^②。天劳我以形^③，吾逸吾心以补之^④。天厄我以遇^⑤，吾亨吾道以通之^⑥。天苦我以境⑦,吾乐吾神以畅之⑧。

【注释】

①薄:少,不足。

②迓(yà):迎接,接受。《尚书·盘庚中》:"予迓续乃命于天。"汉孔安国注:"迓,迎也。"

③劳:劳苦,劳累。形:身体。

④逸:安闲,闲适。

⑤厄(è):困顿艰难。遇:际遇,遭遇。

⑥亨:此处指运用。道:此处指聪明才智。《周易·乾卦》:"乾,元亨利贞。"唐孔颖达正义:"亨,通也。"

⑦境:处境,境地。

⑧乐:打起精神,振奋精神。畅:此处指乐观面对。

【译文】

上天赐给我的福分不多,我便提升自己的道德修养来迎接它。上天使我身体劳累,我便使自己的内心闲适来弥补它。上天使我际遇困顿,我便用自己的聪明才智来打通它。上天使我处境艰苦,我便打起精神去乐观面对它。

【源流】

明洪应明《菜根谭》:"天薄我以福,吾厚吾德以迓之。天劳我以形,吾逸吾心以补之。天厄我以遇,吾亨吾道以通之。天且奈我何哉?"

　　吉凶祸福,是天主张①。毁誉予夺②,是人主张。立身行己③,是我主张。

【注释】

①主张:主宰,掌握。

②毁誉予夺：诋毁赞誉，奖励惩罚。予夺，奖励与惩罚。

③立身行己：修养自身，行为有度。

【译文】

吉凶祸福，是上天主宰的。诋毁称赞，奖励惩罚，是别人掌握的。如何修养自身，行为有度，却是我自己能够掌握的。

【源流】

明吕坤《呻吟语》卷二："吉凶祸福，是天主张。毁誉予夺，是人主张。立身行己，是我主张。此三者不相夺也。"

要得富贵福泽①，天主张，由不得我；要做贤人君子，我主张，由不得天。

【注释】

①福泽：福气。

【译文】

能否得到富贵福气，那是上天决定的，不是自己能够做主的。是否要做贤人君子，这是我来决定的，不是上天能够左右的。

富以能施为德①，贫以无求为德，贵以下人为德②，贱以忘势为德③。

【注释】

①施：施舍。

②下人：此处指待人谦和。《周易·系辞上》："子曰：'劳而不伐，有功而不德，厚之至也。语以其功下人者也。'"唐孔颖达正义："能以其有功卑下于人者也。"

③忘势：此处指不追慕权势。

【译文】

富有的人以能施舍穷人为美德,贫穷的人以无所奢求为美德,尊贵的人以待人谦和为美德,低贱的人以不追慕权势为美德。

【源流】

明吕坤《呻吟语》卷二:"富以能施为德,贫以无求为德。贵以下人为德,贱以忘势为德。"

护体面①,不如重廉耻。求医药,不如养性情。立党羽②,不如昭信义。作威福③,不如笃至诚④。多言说,不如慎隐微⑤。博声名,不如正心术。恣豪华⑥,不如乐名教⑦。广田宅⑧,不如教义方⑨。

【注释】

①护体面:爱护面子。体面,此处指面子。

②党羽:拉帮结派。

③作威福:即作威作福,倚仗权势欺压他人。《尚书·洪范》:"惟辟作福,惟辟作威,惟辟玉食。"唐孔颖达正义:"惟君作福,得专赏人也。惟君作威,得专罚人也。"

④笃(dǔ)至诚:为人宽厚诚实。笃,此处指为人宽厚。至诚,诚实。

⑤慎隐微:谨小慎微。隐微,隐约细微,指细小琐碎之事。

⑥恣(zì)豪华:放纵享乐。恣,放纵。豪华,此处指享乐。

⑦乐名教:乐于修习名教礼法。名教,名分与教化,指以传统儒家思想为根据制定的名分与伦理准则的礼法体系。

⑧广田宅:广置田宅。广,广置,大量购买。田宅,田地宅院。

⑨教义方:学习为人处事的规范和道理。教,此处指学习。义方,为人处世应当遵守的规范和道理。《大戴礼记·文王官人》:"省其居处,观其义方。省其丧哀,观其贞良。"

【译文】

与其爱护面子，不如注重廉耻。与其求医问药，不如修养性情。与其树立党羽，不如广昭信义。与其作威作福，不如宽厚诚实。与其言语过多，不如谨小慎微。与其博取名声，不如端正心术。与其放纵享乐，不如乐于修习名教礼法。与其广置田宅，不如学习为人处事的规范和道理。

【源流】

清陈弘谋《五种遗规》之"史搢臣《愿体集》"："护体面，不如重廉耻。求医药，不如养性情。立党羽，不如昭信义。作威福，不如笃至诚。多言说，不如慎隐微。求声名，不如正心术。恣豪华，不如乐名教。广田宅，不如教义方。"按，史搢臣，名典，《格言联璧》此句当本于清代史典编撰之文句。

行己恭①，责躬厚②，接众和③，立心正④，进道勇⑤，择友以求益，改过以全身⑥。

【注释】

①行己恭（gōng）：此处指行为恭敬。语出《论语·公冶长》："子谓子产，'有君子之道四焉：其行己也恭，其事上也敬，其养民也惠，其使民也义。'"

②责躬（gōng）厚：力求做到品行敦厚。责，责备、责问。此处指力求。躬，亲自、亲身。此处指做到。厚，品行敦厚。语出《论语·卫灵公》："子曰：'躬自厚而薄责于人，则远怨矣。'"

③接众和：待人和善。接众，待人。

④立心正：心思端正。

⑤进道：即进修道业，指不断深入地修习圣贤之道。勇：此处指果敢坚定。

⑥全身：使自身修养不断完善。

【译文】

为人应当行为恭敬,力求做到品行敦厚,待人和善,心思端正,修习圣贤之道坚定而不动摇,选择良友以求能有助于自身德行的提高,改掉过错以求能够实现自身修养的完善。

敬为千圣授受真源①,慎乃百年提撕紧钥②。

【注释】

①敬为千圣授受真源:恭敬是历来圣贤待人接物的根本。敬,恭敬。千圣,此处指古今历来圣人。授受,此处指待人接物。真源,根本。

②慎乃百年提撕紧钥(yuè):谨慎是千百年来教导人的关键。慎,谨慎。提撕,改正,改过。此处指自我完善。《诗经·大雅·抑》:"匪面命之,言提其耳。"汉郑玄注:"我非但对面语之,亲提撕其耳。此言以教道之,孰不可启觉。"紧钥,关键。

【译文】

恭敬是历来圣贤与人相处的根本,谨慎是千百年来自我完善的关键。

度量如海涵春育①,应接如流水行云②,操存如青天白日③,威仪如丹凤祥麟④,言论如敲金戛石⑤,持身如玉洁冰清⑥,襟抱如光风霁月⑦,气概如乔岳泰山⑧。

【注释】

①海涵:如同大海一样包容一切。此处指人胸怀宽广。春育:如同春风一样化育万物。此处指待人温和。

②应接:此处指处事。流水行云:流动的水和飘动的白云。此处指超脱自然。

③操存:操守。青天白日:原指晴朗的天空和耀眼的太阳。此处形

容人的品行高洁傲岸。

④威仪如丹凤祥麟：威仪当如凤凰麒麟般庄重威严。此句意在说明君子威仪应当如凤凰、麒麟这些瑞兽一样，内心充满仁爱而外表又不失庄重威严。丹凤，凤凰，传说中的瑞兽之一，状如鸡而稍大，长尾，身有五彩花纹，雄称"凤"，雌称"凰"，统称"凤凰"。祥麟，麒麟，传说中的瑞兽之一，形似鹿，但体形稍大，牛尾，马蹄，头上独角，背上五彩花纹，腹部黄色，雄称"麒"，雌称"麟"，统称"麒麟"。因其性情温和，不践草木，不伤人畜，故称"仁兽"。

⑤言论如敲金戛（jiá）石：言论当如敲钟击磬般平和雅正。言论，此处指言谈。金，青铜。此处指古代由青铜铸造而成的"钟"。戛，击打，敲打。石，石头。此处指古代由石头制造而成的乐器"磬"。钟、磬皆为庙堂雅乐乐器，演奏乐曲节奏舒缓，主旨高雅，故此句意在说明德行高尚之人的言谈当如钟磬般平和雅正。

⑥持身：修身。

⑦襟（jīn）抱：胸襟。

⑧气概：气节。乔：高大，巍峨。岳：高山，大山。

【译文】

度量当如同大海般宽广、春天般温和，处事当如流水行云般超脱自然，操守当如青天白日般高洁傲岸，威仪当如凤凰麒麟般庄重威严，言谈当如敲钟击磬般平和雅正，修身当如白玉冰雪般清澈干净，胸襟当如明月和风般开朗洒脱，气概当如巍峨高山般雄伟崇高。

海阔从鱼跃，天空任鸟飞，非大丈夫不能有此度量。振衣千仞冈①，濯足万里流②，非大丈夫不能有此气节。珠藏泽自媚③，玉韫山含晖④，非大丈夫不能有此蕴藉⑤。月到梧桐上，风来杨柳边，非大丈夫不能有此襟怀⑥。

【注释】

①振衣：抖去衣上灰尘。此处指清白做人。仞（rèn）：古代长度单位，一仞约合周尺七尺。冈：山岗，高山。

②濯（zhuó）足万里流：不落尘俗品行犹如大江大河。濯足，洗脚。此处指清除尘俗，保持高洁。《文选·左太冲〈咏史八首〉》："振衣千仞岗，濯足万里流。"唐吕向注："振衣、濯足，欲去世尘也。"

③珠：宝珠。藏：埋藏。泽：水泽，深泽。媚：此处指光彩夺目。

④玉韫（yùn）山含晖（huī）：美玉即便蕴藏深山依旧熠熠生辉。玉，美玉。韫，蕴藏。晖，此处指光辉。

⑤蕴藉（yùn jiè）：此处指含而不露的品格。

⑥襟（jīn）怀：胸襟，胸怀。

【译文】

广阔的大海任凭鱼儿畅游腾跃，浩瀚的天空任凭鸟儿自由高飞，不是大丈夫不会有这样的度量。清白做人身躯犹如千仞高山，不落尘俗品行犹如大江大河，不是大丈夫不会有这样的气节。宝珠即便埋藏深泽仍旧光彩夺目，美玉即便蕴藏深山依旧熠熠生辉，不是大丈夫不会有这样含而不露的品格。明月照彻梧桐般的爽朗，清风吹拂杨柳般的和煦，不是大丈夫不会有这样的胸襟。

【源流】

清赵翼《陔余丛考》卷四十三：于"海阔从鱼跃，天空任鸟飞"条下附注文："见《古今诗话》，本大历诗僧元览诗，谓：'大海从鱼跃，长空任鸟飞。'"

宋朱熹《晦庵集》卷第四《斋居感兴二十首》："珠藏泽自媚，玉韫山含晖。"

宋邵雍《击壤集》卷之十二《月到梧桐上吟》："月到梧桐上，风来杨柳边。"

处草野之日①，不可将此身看得小；居廊庙之日②，不可将此身看得大③。

【注释】

①草野：荒野。此处指民间，未得到重用。

②廊（láng）庙：朝堂。此处指在朝为官，得到重用。

③看得大：此处指骄傲自大。

【译文】

身处民间之时，不可轻视自己；在朝为官之时，不可骄傲自大。

只一个俗念头，错做了一生人；只一双俗眼目，错认了一生人。

【译文】

只因为一个庸俗的念头，便做人做错了一辈子；只因为用了庸俗的眼光去看待他人，便一辈子都没有认清人。

【源流】

明吕坤《呻吟语》卷二："只一个俗念头，错做了一生人；只一双俗眼目，错认了一生人。"

心不妄念①，身不妄动②，口不妄言③，君子所以存诚④。内不欺己⑤，外不欺人，上不欺天，君子所以慎独⑥。不愧父母，不愧兄弟，不愧妻子⑦，君子所以宜家⑧。不负天子⑨，不负生民⑩，不负所学，君子所以用世⑪。

【注释】

①妄念：非分之想。

②妄动：草率行事。

③妄言：随口胡言。

④存诚：心存诚信。《周易·乾卦》："文言：庸言之信，庸行之谨，闲邪存其诚。"唐孔颖达正义："言防闲邪恶，当自存其诚实也。"

⑤欺己：欺骗自己。

⑥慎独：独处时谨慎守礼。《礼记·中庸》："莫见乎隐，莫显乎微，故君子慎其独也。"汉郑玄注："慎独者，慎其闲居之所为。"

⑦妻子：妻子儿女。

⑧宜家：此处指使家庭和睦。《诗经·国风·桃夭》："桃之夭夭，灼灼其华。之子于归，宜其室家。"

⑨负：辜负。

⑩生民：百姓。《尚书·毕命》："道洽政治，泽润生民。"

⑪用世：为世所用，委以重任。

【译文】

心中没有非分之想，身体不草率行事，嘴不随口胡言，所以君子常常心存诚信。对内不欺骗自己，对外不欺骗他人，对上不欺骗苍天，所以君子独处时才能谨慎守礼。不愧对父母，不愧对兄弟，不愧对妻儿，所以君子能够使家庭和睦。不辜负君王，不辜负百姓，不辜负自己平生所学，这就是君子能够被委以重任的原因。

【源流】

南北朝无名氏《女青鬼律》卷四："目不妄视，口不妄言，心不妄念，足不妄游，亲善远恶，与体自然。"按，《格言联璧》"心不妄念"三句当化用南北朝《女青鬼律》之戒条。

宋净善《禅林宝训》卷一《答荆公书》："黄龙曰：'夫人语默举措，自谓上不欺天，外不欺人，内不欺心，诚可谓之得矣。'"按，《格言联璧》"内不欺己"四句当化用唐代黄龙禅师之语。

以性分言①,无论父子兄弟,即天地万物②,皆一体耳③,何物非我④,于此信得及⑤,则心体廓然矣⑥;以外物言⑦,无论功名富贵,即四肢百骸⑧,亦躯壳耳⑨,何物是我⑩,于此信得及,则世味淡然矣⑪。

【注释】

①性分:犹天性,本性。

②即:同"及",以及,还是。

③一体:一个整体。

④何物非我:哪些是真正与我不同的呢? 即与我哪有什么不同呢?

⑤信得及:能够相信。 此处指能够体会。

⑥则心体廓(kuò)然矣:内心便会变得豁然开朗。心体,此处指内心。 廓然,豁然开朗。

⑦外物:身外之物,多指功名利禄之类。

⑧四肢百骸(hái):身体四肢。百骸,人体全身骨骼。此处指全身。骸,骨。

⑨躯壳:肉体,相对精神而言。

⑩何物是我:哪些是真正属于我的呢?

⑪世味:此处指功名富贵,世俗人情。

【译文】

就天性而言,无论父子兄弟,还是天地万物,都是一个整体,与我哪有什么不同呢,体会到这一点,内心便会豁然开朗。就身外之物而言,无论功名富贵,还是身体四肢,都是主观精神之外的躯壳肉身而已,哪些是真正属于我的呢? 认识到这一点,所有的功名富贵世俗人情都会变得淡然超脱了。

【源流】

明耿定向《耿天台先生文集》卷十九:"万物皆我一体,何物非我? 于此信得及,心体廓然矣。"

有补于天地曰功①，有关于世教曰名②，有学问曰富，有廉耻曰贵，是谓功名富贵。无为曰道③，无欲曰德，无习于鄙陋曰文④，无近于暧昧曰章⑤，是谓道德文章。

【注释】

①补：益处，功绩。天地：此处指国家社会。

②世教：社会的礼法和教化。

③无为：中国古代道家的重要思想，指出人要顺应自然和社会规律，做好分内之事，不要盲目作为。《老子》第三十七章："道常无为而无不为，侯王若能守之，万物将自化。"

④习：此处指渐染，受影响。鄙陋：世俗鄙陋不良的风气。

⑤无近于暧昧（ài mèi）曰章：处事态度坚决而有原则称为"章"。暧昧，此处指处事没有原则。

【译文】

有益于国家社会称为"功"，关于社会教化方面的（贡献）称为"名"，有学问称为"富"，有廉耻称为"贵"，这就是所说的功名富贵。无为称为"道"，无欲称为"德"，不受世俗鄙陋风气的影响称为"文"，处事态度坚决而有原则称为"章"，这就是所说的道德文章。

【源流】

清丁宜曾《农圃便览》："有补于天地曰功，有关于世教曰名，有精神曰富，有廉耻曰贵，是之谓功名富贵。"

困辱非忧①，取困辱为忧②；荣利非乐③，忘荣利为乐。

【注释】

①困辱：困苦屈辱。

②取困辱：自取其辱。

③荣利：荣华富贵。

【译文】

困苦屈辱并不值得担忧，自取其辱才值得担忧；荣华富贵并不是真正的快乐，只有忘却荣华富贵才是真正的快乐。

【源流】

宋熊节《性理群书句解》卷十三"《正蒙》横渠先生"："困辱非忧，取困辱惟忧；荣利非乐，忘荣利为乐。"按，张载，号横渠，《格言联璧》此句当本于宋代张载之语。

热闹荣华之境，一过辄生凄凉；清真冷淡之为①，历久愈有意味②。

【注释】

①清真：纯真朴素。冷淡：素净淡雅。

②历久：过去很久。愈：越，更。

【译文】

热闹繁华的景象，过后心中便会感到冷清凄凉；而那些纯真淡雅的行为，过得越久越有意味。

心志要苦①，意趣要乐②。气度要宏，言动要谨③。

【注释】

①心志：此处指内心。

②意趣：此处指精神状态。

③言动：言语行动，说话做事。

【译文】

内心要经历困苦磨难，精神状态要积极乐观。气度要宏大宽和，说话做事要小心谨慎。

心术以光明笃实为第一①，容貌以正大老成为第一②，言语以简重真切为第一③。

【注释】

①光明笃（dǔ）实：光明磊落忠厚朴实。笃实，忠厚朴实。

②正大老成：端正大方成熟稳重。正大，此处指端正大方。老成，此处指成熟稳重。

③简重真切：言简意赅真实可信。简重，言简意赅。

【译文】

心思以光明磊落忠厚朴实为第一，容貌以端正大方成熟稳重为第一，说话以言简意赅真实可信为第一。

【源流】

明吕坤《呻吟语》卷二："心术以光明笃实为第一，容貌以正大老成为第一，言语以简重真切为第一。"

勿吐无益身心之语①，勿为无益身心之事，勿近无益身心之人，勿入无益身心之境，勿展无益身心之书②。

【注释】

①吐：说，讲。

②展：打开。此处指观看。

【译文】

不说不利于身心健康的话，不做不利于身心健康的事，不交往不利于身心发展的人，不去不利于身心健康的地方，不看不利于身心健康的书。

【源流】

明过庭训《本朝分省人物考》卷二十三"张基"条："尝铭座右曰：'勿展无益身心之书，勿吐无益身心之语，勿近无益身心之人，勿涉无益身心之境。'"按，《格言联璧》此句当本于明代张基之座右铭。

此生不学一可惜，此日闲过二可惜，此身一败三可惜①。

【注释】

①败：此处指一事无成。

【译文】

一生没有认真学习，这是一可惜；一天闲过，这是二可惜；自己一事无成，这是三可惜。

【源流】

明过庭训《本朝分省人物考》卷二十五"夏寅"条："尝曰：'君子有三惜：此生不学一可惜，此日闲过二可惜，此身一败三可惜。'"按，《格言联璧》此句当本于明代夏寅之语。

君子胸中所常体①，不是人情是天理。君子口中所常道，不是人伦是世教②。君子身中所常行，不是规矩是准绳③。

【注释】

①体：体悟。此处指思考。

②世教：社会的礼法和教化。

③"君子身中所常行"二句：君子亲身长久践行的，不是道德规矩而是社会规范的准绳。此二句意在说明，君子身体力行不仅要合乎道德规矩，更要以实实在在的优良行为为世人做楷模。行，躬行，践行。

【译文】

君子心中长久思考的，不是人情而是天理。君子口中一直讲的，不是人伦而是礼法教化。君子亲身践行的不是简单的道德规矩而是致力于成为社会规范的准绳。

【源流】

明吕坤《续小儿语》："君子口里没乱道，不是人伦是世教。君子脚跟没乱行，不是规矩是准绳。君子胸中所常体，不是人情是天理。"

休诿罪于气化①，一切责之人事②。休过望于世间③，一切求之我身④。

【注释】

①诿（wěi）罪：归罪，归咎。气化：此处指运气。

②责：此处指要求。人事：此处指个人努力。

③过望：奢望，过高的期望。世间：此处指社会和他人。

④我身：自己。

【译文】

不要将个人的不顺归罪于运气不佳，一切事情还应求诸个人努力。不要对社会和他人抱有过高的期望，一切事情还应严格要求自己。

【源流】

清唐鉴《学案小识》卷九"河内夏先生"条："《醉古堂格言》云：'休诿罪于气化，一切责之人事。休过望于世间，一切求之我身。'此知道者之言！"按，河内夏先生即夏锡畴，唐鉴《学案小识》卷九载夏锡畴援引之《醉古堂格言》当作《醉古堂剑扫》，且详考其文，《格言联璧》此句确系《醉古堂剑扫》卷一"集醒"之文，故《格言联璧》此句当本于《醉古堂剑扫》作者明代陆绍珩（一说陈继儒）编撰之语。

自责之外①，无胜人之术②；自强之外，无上人之术③。

【注释】

①自责：此处指严格要求自己。

②胜人：战胜他人。

③上人：超越他人。

【译文】

严格要求自己之外，没有能够战胜他人的办法了；自强不息之外，没有能够超越他人的办法了。

书有未曾经我读，事无不可对人言。

【译文】

书有我不曾读过的，事没有不可以对他人讲的。

【源流】

清王昶《（嘉庆）直隶太仓府志》卷十二："王恭先，字孝伯，临晋人，顺治八年乡试第一，十六年进士。康熙七年以河间推官裁缺改补，政尚宽简，公余手不释卷，斋联云：'书有未曾经我读，事无不可对人言。'"按，《格言联璧》此句当本于清代王恭先之斋联。

闺门之事可传，而后知君子之家法矣①；近习之人起敬，而后知君子之身法矣②。

【注释】

①"闺（guī）门之事可传"二句：意在说明通过了解家中之事，便可知晓君子的治家之法。闺门，内室的门。此处指家中。《礼记·仲尼燕居》："以之居处有礼，故长幼辨也；以之闺门之内有礼，故三

族和也。"传，告诉。

②"近习之人起敬"二句：意在说明通过家中亲近之人肃然起敬的严谨态度，便可知晓君子的修身之法。近习，近亲，身边。身法，修身之法。

【译文】

家中之事可以告诉他人，而后人们便知道君子的治家之法；身边亲近之人肃然起敬，而后人们便知道君子的修身之法。

【源流】

明吕坤《呻吟语》卷二："闺门之事可传，而后知君子之家法矣；近习之人起敬，而后知君子之身法矣。其作用处只是无不敬。"

门内罕闻嬉笑怒骂①，其家范可知；座右遍书名论格言②，其志趣可想。

【注释】

①门内：家门之内，家中。罕（hǎn）：少。

②座右：即座右铭，古人常将名言佳句抄录置于座右案端，用以自警自律。书：写，抄录。名论格言：名言佳句。

【译文】

家门之内很少听到嬉笑怒骂之声，此家族的家法严明是可以知道的；座右案头抄录名言佳句，此人的志向旨趣是可以想见的。

【源流】

清陈弘谋《五种遗规》之"史搢臣《愿体集》"："门内罕闻嬉笑怒骂，其家范可知；座右多书名语格言，其志趣可想。"按，史搢臣，名典，《格言联璧》此句当本于清代史典编撰之文句。

慎言动于妻子仆隶之间①，检身心于食息起居之际②。

【注释】

①言动：言语行动，说话做事。仆隶：仆人。

②检：约束。身心：此处指思想和行为。食息：吃饭休息。起居：日
  常生活作息。

【译文】

即便是与妻子儿女、家中仆人相处时，也要谨言慎行；即便是日常饮
食起居这些小事，也要约束自己的思想和行为。

【源流】

明吕坤《去伪斋文集》卷八："慎言动于妻子仆隶之间，检身心于食
息起居之际。"

语言间尽可积德^①，妻子间亦是修身。

【注释】

①语言：谈话，交谈。积德：此处指积累德行，提升德行。

【译文】

与人谈话中完全可以提升自己的德行，与妻子儿女相处时也是在完
善自己。

【源流】

明徐树丕《识小录》卷之一："淡泉先生曰：'语言间尽可积德，淡泊
中皆能长生。'"按，郑晓，号淡泉，《格言联璧》"语言间尽可积德"句当
本于明代郑晓之语。

昼验之妻子^①，以观其行之笃与否也^②；夜考之梦寐，以卜其志之定与否也^③。

【注释】

①验：考察。

②与否：是否。

③卜（bǔ）：预料。此处指判断。

【译文】

白天考察妻子儿女，观察他们的言行是否忠厚质朴；夜晚考察自己的睡梦，判断自己的意志是否坚定不移。

【源流】

宋吕祖谦《丽泽论说集录》卷第十："常以昼验之妻子，以观其行之笃与否也；夜考之梦寐，以卜其志之定与未也。须于此等处常常体察，唯此最可验学力。"

欲理会七尺①，先理会方寸②。欲理会六合，先理会一腔③。

【注释】

①理会：了解。七尺：身躯，人身长约相当于古尺七尺。此处指人。

②方寸：人心。

③"欲理会六合"二句：想要了解世界，先要了解自己的内心。此二句意在说明，君子胸怀天下，要了解世界，理当从了解胸中的圣贤之道开始。六合，上下和四方，代指天地或宇宙。《庄子·齐物论》："六合之外，圣人存而不论。"唐成玄英疏："六合者，谓天地四方也。"腔，此处指内心。宋代著名理学家陆九渊提出"宇宙便是吾心，吾心即是宇宙"。在对待个人和宇宙的关系上认为"吾身立于其中，须大做一个人"。将个人与自然万物融合为一个整体。

【译文】

想要了解人，先要了解人心。想要了解这个世界，先要了解自己的内心。

【源流】

明吕坤《呻吟语》卷一："欲理会七尺，先理会方寸。欲理会六合，先理会一腔。"

世人以七尺为性命①，君子以性命为七尺②。

【注释】

①世人以七尺为性命：寻常百姓将肉体身躯视为性命所在。此句意在说明普通人珍视自己的身体，而完全忽略了上天赋予人的本心本性。世人，普通人。

②君子以性命为七尺：有道君子将良知善性视为存世之本。此句意在说明，在君子看来，上天赋予的本心本性要比自己的身躯更加珍贵。性命，此处指上天赋予的人的本性。

【译文】

寻常百姓将肉体身躯视为性命所在，有道君子将良知善性视为存世之本。

【源流】

明刘宗周《刘蕺山集》卷八："而在世人以七尺为性命，君子以性命为七尺。"

气象要高旷①，不可疏狂②。心思要缜密，不可琐屑③。趣味要冲淡④，不可枯寂⑤。操守要严明，不可激烈⑥。

【注释】

①气象：气度。高旷：高远旷达。

②疏狂：狂放不羁。

③琐屑（suǒ xiè）：此处指流于琐碎，拘泥于小节。

④趣味：志趣。冲淡：平和淡泊。

⑤枯寂：枯燥无聊。

⑥激烈：此处指苛刻酷烈。

【译文】

做人气度要高远旷达，不可狂放不羁；心思要谨慎细密，不可流于琐碎。志趣要平和淡泊，不可枯燥无聊；操守要公正严明，不可苛刻酷烈。

【源流】

明洪应明《菜根谭》："气象要高旷而不可疏狂，心思要缜密而不可琐屑，趣味要冲淡而不可偏枯，操守要严明而不可激烈。"

聪明者戒太察①，刚强者戒太暴②，温良者戒无断③。

【注释】

①戒：戒除，不要。察：明察，目光敏锐，观察细致入微。《大戴礼记·子张问入官》："故水至清则无鱼，人至察则无徒。"

②暴：强硬暴躁。

③温良：温和善良。无断：优柔寡断，犹豫不决。

【译文】

聪明的人不要太过明察秋毫，刚强的人不要太过强硬暴躁，温和善良的人不要太过优柔寡断。

勿施小惠伤大体①，毋借公道遂私情②。以情恕人③，以理律己④。

【注释】

①小惠：小恩小惠。大体：大局，全局。

②遂（suì）私情：徇私情。

③情：此处指人之常情。恕：推己及人，发自内心地理解他人，即孔
　　子的"忠恕"之道。《论语·里仁》："曾子曰：'夫子之道，忠恕
　　而已矣。'"

④理：是非道理。

【译文】

不要因为施舍小恩小惠而伤害到了大局，不要假借为公的名义来徇
私情。要以人之常情来体谅他人，要以是非道理来约束自己。

【源流】

明王同轨《耳谈类增》卷三十五"洪阳先生名言二首"条："毋借公
道遂私情，勿施小惠伤大体。"按，张位，号洪阳，《格言联璧》"毋借公道
遂私情"二句当本于明代张位之语。

　　以恕己之心恕人，则全交①；以责人之心责己，则寡过②。

【注释】

①全交：保全了友谊。

②寡过：少犯错误。

【译文】

以原谅自己的心去原谅他人，便保全了友谊；以要求他人的心来要
求自己，便会少犯错误。

【源流】

宋李邦献《省心杂言》："以责人之心责己，则寡过；以恕己之心恕人，
则全交。"

　　力有所不能，圣人不以无可奈何者责人①；心有所当尽，
圣人不以无可奈何者自诿②。

【注释】

①无可奈何：此处指无能为力。责：责备。

②诿：推脱，推卸。

【译文】

总有些事是能力不及的，所以圣人不会因为那些无能为力的事而责备他人；无论做什么事都应尽心竭力，所以圣人不会因为那些无能为力的事而推脱逃避。

【源流】

明吕坤《呻吟语》卷二："力有所不能，圣人不以无可奈何者责人；心有所当尽，圣人不以无可奈何者自诿。"

　　众恶必察，众好必察，易；自恶必察，自好必察，难。

【译文】

要查明众人的优点和缺点，这是很容易的；要查明自己的优点和缺点，这是很难的。

【源流】

《论语·卫灵公》："子曰：'众恶之必察焉，众好之必察焉。'"

　　见人不是①，诸恶之根②；见己不是，万善之门。

【注释】

①不是：过错，错误。

②诸恶：万恶。

【译文】

总能发现他人的过错，这是万恶的根源；总能发现自己的过错，这是万善之门。

【源流】

清黄宗羲《明儒学案》卷三十五"恭简耿天台先生定向"条:"见人不是,诸恶之根;见己不是,万善之门。"按,《格言联璧》此句当本于明代耿定向之语。

不为过三字[①],昧却多少良心[②];没奈何三字[③],抹却多少体面。

【注释】

①不为过:即不足为过,这根本算不上什么错误。

②昧(mèi):掩藏,欺骗。

③没奈何:即无可奈何,无能为力。

【译文】

"不为过"这三个字,掩藏了多少良心;"没奈何"这三个字,抹去了多少体面。

【源流】

清陈弘谋《五种遗规》之"史搢臣《愿体集》":"不为过三字,昧却多少良心;没奈何三字,抹却多少体面。"按,史搢臣,名典,《格言联璧》此句当本于清代史典编撰之文句。

品诣常看胜如我者[①],则愧耻自增[②];享用常看不如我者[③],则怨尤自泯[④]。

【注释】

①品诣(yì):品行。胜如:此处指超过。

②愧耻:惭愧羞耻。

③享用:享受用度。

④怨尤：埋怨责怪。泯（mǐn）：消灭，消失。

【译文】

品行修养上常常去看那些超过我的人，心中的惭愧羞耻自会增加；享受用度上常常去看那些不如我的人，心中的埋怨责怪自会消失。

【源流】

明沈佳胤《翰海》卷十二"陈眉公《杂纪》"："品诣常看胜于我者，则心愧耻自增；享用常看不及我者，则怨尤自息。"按，陈继儒，号眉公，《格言联璧》此句当本于明代陈继儒编撰之文句。

家坐无聊^①，亦念食力担夫红尘赤日^②；官阶不达^③，尚有高才秀士白首青衿^④。

【注释】

①家坐：家中闲坐。

②食力：靠出力谋生。担夫：挑夫。红尘：此处指因烈日炙烤而滚烫的尘土。赤日：此处指炎炎烈日。

③官阶不达：官运不畅。此句意在说明因官运不畅而内心压抑不平。官阶，此处指官运。达，畅。此处指升迁。

④高才：才华横溢。白首：满头白发，指年事已高。青衿（jīn）：青色交领的长衫，古代学子和明清秀才的常服，此处指没有考取功名。语出《诗经·郑风·子衿》："青青子衿，悠悠我心。"毛传："青衿，青领也。学子之所服。"

【译文】

家中闲坐觉得无聊时，想想那些靠出力谋生的挑夫，他们头顶炎炎烈日，脚踩滚烫尘土；官运不畅心中不平时，还有那些才华横溢的秀才，他们满头白发却仍未考取功名。

将啼饥者比①，则得饱自乐②。将号寒者比③，则得暖自乐④。将劳役者比⑤，则优闲自乐。将疾病者比，则康健自乐。将祸患者比⑥，则平安自乐。将死亡者比，则生存自乐。

【注释】

①啼饥：因饥饿而啼哭。

②得饱：吃得饱。

③号（háo）寒：因寒冷而号哭。

④得暖：穿得暖。

⑤劳役：承受繁重劳役。

⑥祸患：此处指灾祸。

【译文】

与因饥饿而啼哭的人相比，吃得饱就是快乐。与因寒冷而号哭的人相比，穿得暖就是快乐。与承受繁重劳役的人相比，悠闲安逸就是快乐。与饱受疾病折磨的人相比，健康就是快乐。与遭受灾祸劫难的人相比，平安就是快乐。与死去的人相比，活着就是快乐。

常思终天抱恨①，自不得不尽孝心。常思度日艰难，自不得不节费用。常思人命脆薄②，自不得不惜精神③。常思世态炎凉，自不得不奋志气④。常思法网难漏⑤，自不得不戒非为⑥。常思身命易倾⑦，自不得不忍气性⑧。

【注释】

①终天：终身。一般指死丧永别、遗恨无穷等情况。此处指父母离世。唐白居易《祭微之文》："然以我尔之身，为终天之别。"抱恨：抱憾，心存遗憾。晋陶渊明《停云》："愿言不获，抱恨如何！"

②脆薄：脆弱。

③精神：精神元气。

④奋志气：此处指发奋立志。

⑤法网难漏：法网难逃。语出《老子》第七十三章："天网恢恢，疏而
　　不失。"

⑥非为：为非作歹，做坏事。

⑦身命：身家性命。此处指功业声名。倾：倾覆，衰败。

⑧气性：脾气性情。

【译文】

　　常常想到因父母离世尚未尽孝而抱憾终身，自然就不会不尽孝心
了。常常想到度日艰难，自然就不会不节省用度了。常常想到世事无常
生命脆弱，自然就不会不爱惜精神元气了。常常想到人情冷暖世态炎凉，
自然就不会不奋发立志了。常常想到天网恢恢法网难逃，自然就不会为
非作歹了。常常想到功业声名容易倾覆，自然就不会不忍耐克制脾气性
情了。

　　以媚字奉亲①，以淡字交友，以苟字省费②，以拙字免劳③，
以聋字止谤④，以盲字远色⑤，以呑字防口⑥，以病字医淫⑦。
以贪字读书，以疑字穷理⑧，以刻字责己⑨，以迂字守礼⑩，以
狠字立志⑪，以傲字植骨⑫，以痴字救贫⑬，以空字解忧⑭，以
弱字御侮⑮，以悔字改过，以懒字抑奔竞风⑯，以惰字屏尘
俗事⑰。

【注释】

①媚：逢迎，迎合。此处指讨父母欢心。奉：奉养。亲：双亲，父母。

②苟（gǒu）：此处指随便，不挑剔。省费：节省开支。

③以拙（zhuō）字免劳：以"拙"字免受操劳。此句意在说明故作愚钝反而可以免去许多操劳。

④止谤（bàng）：平息诽谤。

⑤远色：远离美色。

⑥吝（lìn）：吝惜。此处指少说话。防口：防止多言。

⑦医淫：医治享乐无度。医，医治。淫，此处指享乐无度。

⑧穷理：探究天下万事的道理。穷，穷尽，探究。

⑨刻：苛刻，严格。责：约束，要求。

⑩以迂（yū）字守礼：以"迂"字恪守礼法。此句意在说明，在遵守礼法上，应当坚持原则态度恭谨，乃至迂腐固执都不为过。迂，迂腐，不知变通。

⑪狠：此处指全力以赴，不遗余力。

⑫植骨：树立骨气。

⑬痴：此处指长久且不遗余力。

⑭空：虚空。此处指看淡一切。

⑮以弱字御侮：以"弱"字免遭侮辱。此句意在说明，为人处世不争强好胜，保持弱而不争的姿态，就会免于遭受侮辱。御侮，抵御侮辱。此处指免遭侮辱。《老子》第四十章："弱者道之用。"

⑯抑奔竞风：制止追名逐利的风气。抑，制止。奔竞，奔走竞争，追名逐利。

⑰屏（bǐng）：排除，除去。

【译文】

以"媚"字奉养父母，以"淡"字交友，以"苟"字节省开支，以"拙"字免受操劳，以"聋"字平息诽谤，以"盲"字远离美色，以"吝"字防止多言，以"病"字医治享乐无度。以"贪"字读书，以"疑"字探究事理，以"刻"字约束自己，以"迂"字恪守礼法，以"狠"字立下志向，以"傲"字树立骨气，以"痴"字救助贫困，以"空"字解除烦忧，以"弱"字免遭侮辱，以

"悔"字改正过错,以"懒"字制止追名逐利,以"惰"字除去尘俗琐事。

对失意人,莫谈得意事;处得意日,莫忘失意时。

【译文】

面对失意的人,不要大谈那些得意的事;身处得意之时,不要忘记曾经失意的那些日子。

【源流】

清陈弘谋《五种遗规》之"史搢臣《愿体集》":"对失意人,不谈得意事;处得意日,莫忘失意时。"按,史搢臣,名典,《格言联璧》此句当本于清代史典编撰之文句。

贫贱是苦境[①],能善处者自乐[②];富贵是乐境,不善处者更苦。

【注释】

①贫贱:贫穷卑贱。

②善处:善于对待。自乐:自得其乐。

【译文】

贫穷卑贱本是困苦境地,善于对待它的人却能自得其乐;富有高贵本是快乐境地,不善于对待它的人反而会自讨苦吃,甚至比普通人的痛苦还要多。

恩里由来生害[①],故快意时须蚤回头[②];败后或反成功,故拂心处莫便放手[③]。

【注释】

①恩：恩泽，恩情。由来：往往，向来。害：此处指仇恨。

②快意：此处指相交甚欢。蚤：同"早"。回头：此处指因有所觉悟而改正。

③拂（fú）心：违逆心意，不顺心。放手：此处指放弃。

【译文】

深恩厚意中往往会滋生仇恨，因此相交甚欢之时应当及早觉悟改正；失败之后或许反而能够成功，因此不顺心时不要轻言放弃。

【源流】

明洪应明《菜根谭》："恩里由来生害，故快意时须早回头；败后或反成功，故拂心处切莫放手。"

深沉厚重，是第一等资质①。磊落雄豪，是第二等资质。聪明才辩，是第三等资质。

【注释】

①资质：天资气质。

【译文】

心思沉稳敦厚稳重，是第一等天资气质。光明磊落豪迈有力，是第二等天资气质。聪明睿智能言善辩，是第三等天资气质。

【源流】

明吕坤《呻吟语》卷一："深沉厚重，是第一等资质。磊落豪雄，是第二等资质。聪明才辩，是第三等资质。"

上士忘名①，中士立名②，下士窃名③。

【注释】

①上士忘名：上等的读书人忘却功名。士，士大夫，读书人。忘，忘却，不在乎。名，功名，名望。

②立名：树立功名。

③窃名：窃取功名。

【译文】

上等的读书人忘却功名，中等的读书人努力树立功名，下等的读书人窃取功名。

【源流】

南北朝颜之推《颜氏家训》卷上："上士忘名，中士立名，下士窃名。忘名者，体道合德，享鬼神之福佑，非所以求名也；立名者，修身慎行，惧荣观之不显，非所以让名也；窃名者，厚貌深奸，干浮华之虚称，非所以得名也。"

上士闭心①，中士闭口②，下士闭门③。

【注释】

①闭心：此处指思想上严格自律，心中没有杂念。

②闭口：此处指谨慎言语，不胡乱讲话。

③闭门：闭门不出。

【译文】

上等的读书人心无杂念，中等的读书人谨慎言语，下等的读书人只会闭门不出。

【源流】

宋王应麟《困学纪闻》卷十："龚氏注《中说》引古语云：'上士闭心，中士闭口，下士闭门。'"按，龚氏即龚鼎臣，《格言联璧》此句当本于宋代龚鼎臣注《中说》援引之古语。

好讦人者身必危①，自甘为愚，适成其保身之智②；好自夸者人多笑③，自舞其智④，适见其欺人之愚⑤。

【注释】

①讦(jié)：揭发别人的隐私或攻击别人的短处。《论语·阳货》："恶讦以为直者。"南朝梁皇侃疏："讦，谓面发人之阴私也。"

②适：恰好，正好。保身：保全自身。

③笑：此处指耻笑。

④舞：卖弄，耍弄。

⑤欺人：自欺欺人。

【译文】

喜好攻击他人短处的人必然遭致灾祸，如果自己能够甘心做个愚钝的人，恰好成就了他保全自身的睿智。喜好夸耀自己的人必然遭到他人耻笑，自己卖弄自己的小聪明，恰好体现了他自欺欺人的愚蠢。

闲暇出于精勤①，恬适出于祗惧②。无思出于能虑③，大胆出于小心。

【注释】

①闲暇(xiá)：此处指悠闲。精勤：专心勤勉。

②恬适：恬静安适，安闲自然。祗(zhī)惧：此处指因心怀畏惧而恭敬谨慎。

③无思：不假思索，不过多思虑。能虑：善于思考。

【译文】

悠闲自然源于专心勤勉，安闲自然源于恭敬畏惧，不假思索源于善于思考，胆大无畏源于小心谨慎。

平康之中①,有险阻焉②。衽席之内③,有鸩毒焉④。衣食之间⑤,有祸败焉⑥。

【注释】

①平康:平安祥和。

②险阻:此处指阴谋和危险。

③衽(rèn)席:卧席,睡觉的地方。此处指身边左右亲近之人。

④鸩(zhēn)毒:毒酒,此处指毒计。

⑤衣食:穿衣吃饭。

⑥祸败:灾祸与衰变。

【译文】

平安祥和之中,可能蕴藏阴谋与危险。卧榻帷幄之内,可能暗藏毒计与杀机,穿衣吃饭之间,可能萌生灾祸与衰败。

【源流】

明刘宗周《学言》:"平康之中,有险阻焉。衽席之内,有鸩毒焉。衣饮之间,有祸败焉。"

居安虑危①,处治思乱②。

【注释】

①居安虑危:也作"居安思危"。虑,思考,想到。《左传·襄公十一年》:"《书》曰:'居安思危。思则有备,有备无患。'"

②治:治世,太平盛世。《礼记·乐记》:"是故治世之音安以乐,其政和。"

【译文】

身处和平安宁之时要想到危险灾难,处于太平盛世之中要想到天下变乱。

天下之势,以渐而成①;天下之事,以积而固②。

【注释】

①渐:渐进,逐渐。

②积:积累。固:稳固。

【译文】

天下大势,都是在渐进中逐步实现的;天下大事,都是在积累中逐步走向稳固的。

祸到休愁①,也要会救②;福来休喜,也要会受③。

【注释】

①休:不要。

②救:补救。

③受:消受,享用。

【译文】

灾祸到来时不要发愁,要会补救;好事到来时不要高兴,要懂得如何消受。

【源流】

明吕坤《续小儿语》:"祸到休愁,也要会救;福来休喜,也要会受。"

天欲祸人①,先以微福骄之②;天欲福人,先以微祸儆之③。

【注释】

①祸人:使人遭受灾祸。

②先以微福骄之:先会给他一点甜头使其骄横自大。微福,小甜头。骄,使人骄横自大。

③儆(jǐng):使人警醒而不会犯错。

【译文】

上天如果想让谁遭受灾祸,会先给他一点甜头使其骄横自大;上天如果想让谁享有福气,会先给他一点苦头使其警醒而不会犯错。

傲慢之人骤得通显^①,天将重刑之也^②;疏放之人艰于进取^③,天将曲赦之也^④。

【注释】

①骤(zhòu):突然。通显:升为高官且声名显赫。《后汉书·应奉传》:"自是诸子宦学,并有才名,至玚七世通显。"

②刑:惩罚,惩戒。

③疏放:放纵散漫。艰:努力奋斗。

④曲赦(shè):法外开恩,特赦。《宋书·孝武帝本纪》:"甲午,曲赦京邑二百里内,并蠲今年租税。"

【译文】

傲慢的人如果突然官运亨通声名显赫,那么上天将会重重地惩罚他;放纵散漫的人如果能够艰苦奋斗努力进取,那么上天将会对他法外开恩宽容相待。

小人亦有坦荡荡处^①,无忌惮是已^②;君子亦有长戚戚处^③,终身之忧是已^④。

【注释】

①坦荡荡:坦荡大气。与下文"长戚戚"均出自《论语·述而》:"君子坦荡荡,小人长戚戚。"这里反其意而用之。

②忌惮(dàn):顾虑畏惧而不敢妄为。《礼记·中庸》:"君子之中庸也,君子而时中;小人之中庸也,小人而无忌惮也。"

③长戚戚（qī）：忧惧，忧伤。

④终身之忧：此处指因思念父母而终身忧伤。

【译文】

小人也有坦荡大气之处，只不过是因为无所畏惧。君子也会常常心怀忧伤，其实是因为思念父母。

【源流】

明吕坤《呻吟语》卷一："小人亦有坦荡荡处，无忌惮是已；君子亦有长戚戚处，终身之忧是已。"

　　水，君子也。其性冲①，其质白，其味淡，其为用也，可以浣不洁者而使洁②，即沸汤中投以油③，亦自分别而不相混，诚哉君子也④。油，小人也。其性滑⑤，其质腻⑥，其味浓⑦，其为用也，可以污洁者而使不洁，倘滚油中投以水，必至激搏而不相容⑧，诚哉小人也。

【注释】

①冲：冲淡，平和淡泊。

②浣（huàn）：洗涤，漂洗。

③沸汤：沸腾的开水。

④诚哉：确实，加强语气。

⑤滑：油滑精明。

⑥腻：污秽肮脏。

⑦浓：浓稠油腻。

⑧激搏（bó）：激烈争斗。

【译文】

君子如水，性情平和淡泊，本质清白，给人以清新淡雅之感，君子的作用,可以洗涤那些不干净的东西而使之干净清洁,即便往沸腾的开水中倒入油,也会各自分开不相混淆,这便是君子啊!小人如油,性情油滑精明,本质污秽,给人以浓稠油腻之感,小人的作用,可以污染本来干净的东西使之肮脏不堪,倘若向翻滚的油中倒入水,必然激烈争斗而无法相容,这便是小人啊!

【源流】

清王士禛《池北偶谈》之"魏尚书格言":"偶见水与油而得君子小人之情状焉。水,君子也。其性凉,其质白,其味冲,其为用也,可以瀚不洁者而使洁,即沸汤中投以油,亦自分别而不相混,诚哉君子也。油,小人也。其性滑,其质腻,其味浓,其为用也,可以污洁者而使不洁。倘滚油中投以水,必至搏激而不相容,诚哉小人也。"按,魏尚书即魏象枢,字环溪,《格言联璧》此句当本于清代魏象枢之语。

凡阳必刚①,刚必明②,明则易知;凡阴必柔③,柔必暗④,暗则难测⑤。

【注释】

①阳:此处指性格外向。刚:直率,刚直。

②明:此处指做事无所隐瞒,没有过多思考。

③阴:此处指性格内向。柔:柔和,温和。

④暗:此处指做事有所保留,心思谨慎细密。

⑤测:揣测,把握。

【译文】

大凡性格外向的人必定为人刚直,为人刚直必定做事无所隐瞒,做事无所隐瞒则容易知晓了解。大凡性格内向的人必定为人柔和,为人柔和必定做事有所保留,做事有所保留则难于揣测把握。

【源流】

宋朱熹代刘共父作《王梅溪文集序》:"盖天地之间有自然之理:凡

阳必刚,刚必明,明则易知;凡阴必柔,柔必暗,暗则难测。故圣人作《易》,遂以阳为君子,阴为小人。"

称人以颜子①,无不悦者,忘其贫贱而夭②;指人以盗跖③,无不怒者,忘其富贵而寿。

【注释】

①颜子:颜回,字子渊,春秋末期鲁国人,孔子弟子中德行最高者,孔子对颜回称赞有加:"贤哉,回也! 一箪食,一瓢饮,在陋巷,人不堪其忧,回也不改其乐。"后不幸早卒。

②夭:夭折,早卒。

③盗跖(zhí):先秦文献中的大盗,生性暴虐,率众数千人,驱人牛马,夺人妻女,横行天下,诸侯亦惧其威势。《荀子·劝学》:"其善者少,不善者多,桀、纣、盗跖也。"唐杨倞注:"盗跖……聚徒九千人,于太山之傍,侵诸侯。"

【译文】

称他人为颜回,没有人不高兴,但却都忘记了颜回的贫穷卑微而且早卒;称他人为盗跖,没有人不生气,但却都忘记了盗跖富有尊贵而且长寿。

【源流】

明吕坤《呻吟语》卷六:"称人以颜子,无不悦者,忘其贫贱而夭;称人以桀、纣、盗跖,无不怒者,忘其富贵而寿。"

事事难上难,举足常虞失坠①;件件想一想,浑身都是过差。

【注释】

①举足:开始。虞(yú):担忧。此处指小心谨慎。

【译文】

每件事情都很难,因此开始之时常常多加小心以免有所失误;每件事情都要认真想想,以免处处产生过错。

【源流】

明吕坤《呻吟语》卷一:"不存心,看不出自家不是。只于动静语默、接物应事时,件件想一想,便见浑身都是过失。"

怒宜实力消融①,过要细心检点②。

【注释】

①实力:此处指切实有力。消融:消除。

②检点:检查改正。

【译文】

怒气应当切实用力消除,过错应当细心检查改正。

探理宜柔①,优柔涵泳②,始可以自得③;决欲宜刚④,勇猛奋迅⑤,始可以自新⑥。

【注释】

①柔:此处指柔和渐进。

②优柔:从容不迫。涵泳:深入体会。

③始可以自得:才能有所收获。自得,有所收获。

④决欲宜刚:斩断欲望应当坚决果断。决欲,斩断欲望。

⑤奋迅:行动迅速。

⑥自新:改过自新。

【译文】

探究事理应当柔和渐进,从容探索深入领会,这样才能有所收获;斩断欲望应当坚决果断，勇敢有力行动迅速，这样才能改过自新。

惩忿窒欲^①，其象为《损》^②，得力在一忍字^③；迁善改过^④，其象为《益》^⑤，得力在一悔字。

【注释】

①惩：此处指压制。窒（zhì）：此处指控制。《周易·损卦》："象曰：'山下有泽，损；君子以惩忿窒欲。'"

②《损》："损"卦，《易经》六十四卦的第四十一卦，其主要思想是告诉人们要适当割舍有所克制，才能有所收获和保全。

③得力：此处指关键的，最重要的。

④迁善：向善。《周易·益卦》："象曰：'风雷，益；君子以见善则迁，有过则改。'"

⑤《益》："益"卦，《易经》六十四卦的第四十二卦，其主要思想是告诉人们通过改正和克制自己，才能有更大的发展和收获。

【译文】

压制愤怒控制欲望，就像"损"卦所表示的那样，关键在于忍耐。改正错误一心向善，就像"益"卦所表示的那样，关键在于悔悟。

富贵如传舍^①，惟谨慎可得久居；贫贱如敝衣^②，惟勤俭可以脱卸^③。

【注释】

①传舍：古时供旅人休息住宿的处所，即旅店。《史记·平原君虞卿列传》："邯郸传舍吏子李同说平原君曰：'君不忧赵亡邪？'"

②敝（bì）衣：破旧的衣服。

③脱卸：脱掉，卸掉。

【译文】

富贵就好比旅店，唯有谨慎才可长久居住下去；贫贱就好比破衣，唯有勤俭才能将它脱去。

【源流】

明沈佳胤《翰海》卷十二"陈眉公《杂纪》"："富贵如传舍，惟谨慎可得久居。"按，陈继儒，号眉公，《格言联璧》"富贵如传舍"二句当本于明代陈继儒编撰之文句。

俭则约[1]，约则百善俱兴[2]；侈则肆[3]，肆则百恶俱纵[4]。

【注释】

①约：此处指约束，限制。

②百善：此处指诸多美好的德行。《吕氏春秋·孝行览》："夫执一术而百善至、百邪去、天下从者，其惟孝也。"

③侈（chǐ）：生活奢侈。肆：此处指傲慢放纵。

④百恶：此处指诸多丑恶的行径。纵：放任。

【译文】

人的生活勤俭了，对自己便多有约束，有了对自己的约束，诸多美好的德行便会产生；人的生活奢侈了，便会变得傲慢放纵，一旦变得傲慢放纵，诸多丑恶的行径便会更加放任。

【源流】

明吕坤《呻吟语》卷一："俭则约，约则百善俱兴；侈则肆，肆则百恶俱纵。"

奢者富不足[1]，俭者贫有余[2]；奢者心常贫，俭者心常富。

【注释】

①奢（shē）者：奢侈的人。富不足：此处指虽然生活富裕却仍感不足。

②贫有余：此处指虽然生活贫困却仍感有余。

【译文】

奢侈的人虽然生活富裕却仍然感到不足，俭朴的人虽然生活贫穷却仍能感到有余；奢侈的人心里常常感到贫穷，节俭的人心里常常感到富足。

【源流】

五代谭峭《化书·俭化·天牧》："奢者富不足，俭者贫有余；奢者心常贫，俭者心常富。"《化书·俭化·清静》："奢者好动，俭者好静；奢者好难，俭者好易；奢者好繁，俭者好简；奢者好逸乐，俭者好恬淡。"

贪饕以招辱①，不若俭而守廉。干请以犯义②，不若俭而全节③。侵牟以聚怨④，不若俭而养心。放肆以逐欲⑤，不若俭而安性⑥。

【注释】

①贪饕（tāo）：贪得无厌。《说文解字》："饕，贪也。"《左传·文公十八年》："天下之民以比三凶，谓之饕餮。"晋杜预注："贪财为饕，贪食为餮。"

②干请：请托他人以求取官职。犯义：损害道义。

③全节：保全节操。

④侵牟（móu）：侵害掠夺。聚怨：招来怨恨。聚，聚集。此处指招致。

⑤放肆：此处指放纵任性。

⑥安性：使性情安定平和。

【译文】

因贪得无厌而招致侮辱，不如勤俭生活坚守清廉。因请托他人而损害道义，不如勤俭生活保全节操。因侵夺财物而招致怨恨，不如勤俭生活修养身心。因放纵任性而追逐欲望，不如勤俭生活安定性情。

【源流】

宋王应麟《困学纪闻》卷二十："季元衡《俭说》：'贪饕以招辱，不若俭而守廉。干请以犯义，不若俭而全节。侵牟以聚仇，不若俭而养福。放肆以逐欲，不若俭而安性。'皆要言也。"按，《格言联璧》此句当本于宋代季元衡之语。

静坐，然后知平日之气浮[①]。守默[②]，然后知平日之言躁[③]。省事[④]，然后知平日之心忙。闭户，然后知平日之交滥[⑤]。寡欲[⑥]，然后知平日之病多[⑦]。近情[⑧]，然后知平日之念刻[⑨]。

【注释】

①气浮：心浮气躁。

②守默：闭口沉默。

③言躁：说话急躁。

④省事：反省自己做过的事。

⑤交滥：交友不加选择。

⑥寡欲：清心寡欲，减少欲望。

⑦病：缺点，不足。此处指心中的各种欲望。

⑧近情：近人情。此处指思考问题从人之常情出发。

⑨刻：此处指苛刻，刻薄。

【译文】

静心安坐，然后才能体会到平时心浮气躁。闭口沉默，然后才能体会到平时说话急躁。反省过往，然后才能体会到平时内心忙乱。闭门谢客，然后才能体会到平时交友不加选择。清心寡欲，然后才能体会到平时心中存有太多欲望。立足人之常情，然后才能体会到平时想法的刻薄。

【源流】

明樊良枢《密庵卮言》卷六："静坐，然后知平日之气浮。守默，然后知群居之言躁。寡欲，然后知夙昔之病多。近情，然后知已往之念刻。闭户，然后知往来之交滥。省事，然后知终日之费闲。"按，该条后附"陈眉公长者言"注文，故《格言联璧》此句当本于明代陈继儒之语。

无病之身，不知其乐也，病生始知无病之乐；无事之家，不知其福也，事至始知无事之福。

【译文】

身体没有疾病，意识不到这就是快乐，一旦生了病才意识到没病的快乐；家里平安无事，意识不到这就是幸福，一旦出了事才意识到平安无事才是幸福。

【源流】

清陈弘谋《五种遗规》之"史搢臣《愿体集》"："无病之身，不知其乐也，病生始知无病之乐；无事之家，不知其福也，事至始知无事之福。"按，史搢臣，名典，《格言联璧》此句当本于清代史典编撰之文句。

欲心正炽时①，一念著病②，兴似寒冰③；利心正炽时，一想到死，味同嚼蜡④。

【注释】

①欲心：欲望。炽（chì）：热烈，旺盛。

②念著：想起，想到。

③兴（xìng）：兴致，兴头。

④嚼蜡：比喻索然无味。

【译文】

欲望正盛时，一想到会因纵欲而生病，兴致便如同寒冰一样骤然冷却下来；贪心正盛时，一想到将来终会死去，心中便会变得索然无味。

有一乐境界，即有一不乐者相对待①；有一好光景②，便有一不好底相乘除③。

【注释】

①对待：相对，对应。

②光景：光阴，时光。

③乘除：天地自然中的盛衰变化，此消彼长。此处指对应。

【译文】

有一令人快乐的境况，便有一令人不快的境况与之相对；有一段美好的时光，便有一段不美好的时光与之对应。

【源流】

明洪应明《菜根谭》："有一乐境界，就有一不乐的相对待；有一好光景，就有一不好的相乘除。只是寻常家饭，素位风光，才是个安乐窝巢。"

事不可做尽，言不可道尽，势不可倚尽①，福不可享尽。

【注释】

①倚（yǐ）：倚仗，依靠。

【译文】

做事不可做尽做绝，说话不可说尽说绝，权势不可过分依仗，福气不可享用殆尽。

【源流】

明刘万春《守官漫录》卷二："张无尽见雪窦，教以惜福之说曰：'事不可做尽，势不可倚尽，言不可道尽，福不可享尽。'"按，张商英，号无尽居士，《格言联璧》此句当本于宋代张商英之语。

不可吃尽，不可穿尽，不可说尽；又要懂得，又要做得，
又要耐得①。

【注释】

①耐得：坚持得住，忍耐得了。

【译文】

不可吃尽，不可穿尽，不可说尽；这些道理不但要懂，而且还要去做，
更重要的是要能坚持得住。

【源流】

明郭良翰《问奇类林》卷十三："胡文定公语杨训曰：'……'，又曰：
'人生天地间，话不可说尽，事不可做尽，心不可使尽，衣不可穿尽，食不
可吃尽，福不可享尽，留此不尽者以贻子孙。'"按，胡安国，谥文定，《格
言联璧》此句当本于宋代胡安国之语。

难消之味休食①，难得之物休蓄②，难酬之恩休受③，难
久之友休交④，难再之时休失⑤，难守之财休积，难雪之谤休
辩⑥，难释之忿休较⑦。

【注释】

①消：消化。味：此处指食物。

②蓄：储藏，囤积。

③酬：报答。受：接受。

④久：此处指交往时间长。

⑤再：重来。

⑥雪：洗刷。辩：辩解。

⑦释：消除。较：计较。

【译文】

难以消化的食物不要吃，难以获得的东西不要储藏，难以报答的恩情不要接受。难以长久的朋友不要交往，难以重来的时光不要失去，难以守护的财物不要积攒，难以洗刷的诽谤不要辩解，难以消除的愤怒不要计较。

饭休不嚼便咽，路休不看便走，话休不想便说，事休不思便做，衣休不慎便脱①，财休不审便取②，气休不忍便动③，友休不择便交。

【注释】

①不慎：不小心，不在意。此处指不假思索。

②不审：不仔细思量。

③动：发作。

【译文】

饭不要不嚼烂就往下咽，路不要不看就往前走，话不要不想就随口说，事不要不想就开始做，衣服不要不假思索就脱，财物不要不仔细思量就拿，怒气不要不加忍耐就发作，朋友不要不加选择就交往。

【源流】

明吕坤《呻吟语》卷三："饭休不嚼就咽，路休不看就走，人休不择就交，话休不想就说，事休不思就做。"

为善如负重登山①，志虽已确②，而力犹恐不及；为恶如乘骏走坂③，鞭虽不加，而足不禁其前④。

【注释】

①负重：背负重物。

②确：确立，确定。

③乘骏走坂（bǎn）：骑着骏马跑下山坡。乘骏，骑着骏马。走，奔跑。坂，山坡。

④而足不禁其前：马蹄却仍向前不止。足，此处指马蹄。不禁，不停，不止。

【译文】

做好事就好比背着重物登山，志向虽然已经确立，但仍担心力量不足；做恶事就好比骑着骏马跑下山坡，即使不用鞭子努力策马，马蹄却仍然向前不止。

【源流】

宋李邦献《省心杂言》："为善如负重登山，志虽确而力犹恐不及；为恶如乘骏走坂，虽不加鞭策而足亦不能止。"

防欲如挽逆水之舟①，才歇手②，便下流③；为善如缘无枝之树④，才住脚⑤，便下坠。

【注释】

①防欲：控制欲望。挽：拉，牵。逆水之舟：逆流而上的船。

②歇手：停手。

③下流：此处指顺流向下。

④缘：沿着，顺着。此处指攀爬。无枝之树：没有枝杈的树。

⑤住脚：停脚。

【译文】

控制欲望就好比拉着逆流而上的船，手一停下来，船便顺流向下了；做好事就好比攀爬没有旁枝侧叉的大树，脚一停下来，身体便向下坠落了。

【源流】

明吕坤《呻吟语》卷一:"防欲如挽逆水之舟,才歇力,便下流;为善如缘无枝之树,才住脚,便下坠。是以君子之心无时而不敬畏也。"

胆欲大①,心欲小②,智欲圆③,行欲方④。

【注释】

①欲:此处指要,应当。

②心:此处指心思。

③智:此处指思想。圆:圆融。

④行:品行。方:方正。

【译文】

胆量要大,心思要细密,思想要圆融,品行要方正。

【源流】

明李乐《见闻杂纪》卷四:"郑端简公教子曰:'胆欲大,心欲小,志欲圆,行欲方。'"按,郑晓,谥端简,《格言联璧》此句当本于明代郑晓之语。

真圣贤,决非迂腐;真豪杰,断不粗疏。

【译文】

真正的圣贤,决不是迂腐之人;真正的豪杰,断然不是粗疏之人。

龙吟虎啸,凤翥鸾翔①,大丈夫之气象②;蚕茧蛛丝③,蚁封蚓结④,儿女子之经营⑤。

【注释】

①翥(zhù):高飞。鸾(luán):传说凤凰一类的神鸟。

②气象:气度,气派。

③蚕茧：野蚕吐茧。蛛丝：蜘蛛吐丝。皆指格局过小的作为。

④封：此处指蚁穴。结：此处指蜷缩，屈曲。

⑤儿女子：妇孺小人。经营：筹划，盘算。

【译文】

龙吟虎啸，凤飞鸾翔，这是大丈夫的气度；野蚕结茧、蜘蛛吐丝、蚂蚁筑穴、蚯蚓蜷缩，这是妇孺小人的盘算。

格格不吐①，刺刺不休②，总是一般语病③，请以莺歌燕语疗之④；恋恋不舍，忽忽若忘⑤，各有一种情痴⑥，当以鸢飞鱼跃化之⑦。

【注释】

①格格不吐：心事重重闭口不言。清何焯《义门读书记》："《上欧阳舍人书》文弱而碎，其论事又格格不吐，此少作故也。"格格，犹耿耿。此处指心中有事。不吐，不说话，闭口不言。

②刺刺不休：唠唠叨叨说个没完。刺刺，犹喋喋。此处指唠唠叨叨。唐韩愈《送殷员外序》："持被入直三省，丁宁顾婢子，语刺刺不能休。"

③总是：都是。一般：此处指平时，平常。语病：此处指说话爱犯的毛病。

④莺（yīng）歌燕语：原指黄鹂歌唱，燕子呢喃，形容春天的美好景象。此处指说话适可而止，恰到好处。莺，黄鹂。

⑤忽忽若忘：此处指漫不经心。忽忽，草率，不经心。《说苑·谈丛》："忽忽之谋，不可为也。"

⑥情痴：痴情，痴迷。

⑦鸢（yuān）飞鱼跃：原指鹰在天空飞翔，鱼在水中腾跃，形容万物各得其所。此处指顺其自然心态平淡。鸢，老鹰。《诗经·大雅·旱

麓》："鸢飞戾天,鱼跃于渊。岂弟君子,遐不作人。"

【译文】

心事重重闭口不言,唠唠叨叨说个没完,都是平常说话爱犯的毛病,请借鉴恰到好处的莺歌燕语将其改正;恋恋不舍,漫不经心,各是一种痴迷的状态,应当以各得其所的鸢飞鱼跃予以化解。

问消息于蓍龟①,疑团空结;祈福祉于奥灶②,奢想徒劳。

【注释】

①问:此处指卜问,占卜。消息:此处指吉凶祸福。蓍(shī)龟:蓍草与龟甲,古人用以占卜吉凶的工具。

②奥灶:此处指神明。奥,屋内西南角,古时祭祀供神之处。《仪礼·少牢馈食礼》:"司宫筵于奥,祝设几于筵上,右之。"汉郑玄注:"布陈神坐也,室中西南隅谓之奥,席东面近南为右。"灶,灶神。《礼记·祭法》:"王为群姓立七祀,曰司命,曰中溜,曰国门,曰国行,曰泰厉,曰户,曰灶。"汉郑玄注:"灶主饮食之事。"

【译文】

向蓍草和龟甲卜问吉凶,只会结下更多疑团;向奥神和灶神祈求福祉,不过是奢望,最终徒劳无功。

谦,美德也,过谦者怀诈①;默,懿行也②,过默者藏奸③。

【注释】

①怀诈:心怀欺骗。《汉书·汲黯传》:"黯常毁儒,面触弘等徒怀诈饰智以阿人主取容。"

②懿(yì)行:美好的品行。《新唐书·柳公绰传》:"实艺懿行,人未必信。"

③藏奸：藏有恶意。

【译文】

谦逊是一种美德，但太过谦逊就有可能心怀欺骗；沉默是一种美好的品行，但太过沉默就有可能藏有恶意。

【源流】

清方濬师《蕉轩随录》卷二："华闻修《书绅要语》云：'谦，美德也，过谦者多诈；默，懿行也，过默者藏奸。'此二语非真有阅历者不能道破。"按，华淑，字闻修，《格言联璧》此句当本于明代华淑编撰之语。

直不犯祸①，和不害义②。

【注释】

①真：率真，正直。犯：此处指招致，招来。

②和：和善，温和。

【译文】

为人正直但不要因此而招致灾祸，为人和善但不要因此而损害道义。

【源流】

宋吕本中《官箴》："当官大要：直不犯祸，和不害义。"

圆融者无诡随之态①，精细者无苛察之心，方正者无乖拂之失②，沉默者无阴险之术，诚笃者无椎鲁之累③，光明者无浅露之病④，劲直者无径情之偏⑤，执持者无拘泥之迹⑥，敏练者无轻浮之状⑦。

【注释】

①诡随：不顾是非而逢迎他人。《诗经·大雅·民劳》："无纵诡随，以谨无良。"毛传："诡随，诡人之善，随人之恶。"

②乖拂：性格乖张离经叛道。

③诚笃：诚实敦厚。椎（chuí）鲁：愚钝。宋苏轼《六国论》："其力耕以奉上，皆椎鲁无能为者。"

④浅露：言语过于直接而不婉转。

⑤径情：任意，任性。《鹖冠子·著希》："夫义，节欲而治；礼，反情而辨者也，故君子弗径情而行也。"

⑥执持者：有操守的人。执持，操守。

⑦敏练者：思维敏捷，行事干练。状：样子。

【译文】

真正圆融随和的人不会有不顾是非曲直而逢迎他人的态度，真正精明细密的人不会有苛刻挑剔的想法，真正品行方正的人不会有性格乖张离经叛道的缺点，真正沉默寡言的人内心不会有阴险狡诈的念头，真正诚实敦厚的人不会有愚钝笨拙的苦恼，真正光明磊落的人不会有浅露的毛病，真正刚直的人不会有任性的问题，真正有操守的人不会有不知变通的表现，真正敏捷干练的人不会有轻浮的样子。

【源流】

明吕坤《呻吟语》卷二："圆融者无诡随之态，精细者无苛察之心，方正者无乖拂之失，沉默者无阴险之术，诚笃者无椎鲁之累，光明者无浅露之病，劲直者无径情之偏，执持者无拘泥之迹，敏练者无轻浮之状，此是全才，有所长而矫其长之失。"

才不足则多谋，识不足则多事①，威不足则多怒，信不足则多言，勇不足则多劳，明不足则多察②，理不足则多辩③，情不足则多仪④。

【注释】

①识：见识。

②明：明察。此处指目光敏锐，观察细致入微。

③理：理据，道理。

④情：情义。仪：此处指外在的形式。

【译文】

才能不足的人反而好出谋划策，见识不足的人反而爱多生事端，威严不足的人反而爱大发雷霆，诚信不足的人反而爱夸夸其谈，勇气不足的人反而爱夸耀功劳，明察不足的人反而在意细枝末节，理据不足的人反而好争执辩论，情义不足的人反而爱注重形式。

私恩煦感，仁之贼也①。直往轻担②，义之贼也。足恭伪态③，礼之贼也。苛察歧疑④，智之贼也。苟约固守⑤，信之贼也。

【注释】

①贼：伤害。《论语·阳货》："乡原，德之贼也。"

②直往：草率行事。轻担：不承担责任。

③足恭：过度谦敬，以取媚于人。《论语·公冶长》："巧言、令色、足恭，左丘明耻之，丘亦耻之。"汉孔安国注："足恭，便僻之貌。"伪态：虚伪的神态。

④苛察：苛刻细察。《庄子·天下》："君子不为苛察，不以身假物。"歧疑：多疑。

⑤苟约：随便立约。固守：信守，遵守。此处指要求他人信守。

【译文】

以私人的名义施舍恩惠使人感到温暖，这是对仁的伤害。草率行事而不负责任，这是对义的伤害。过度谦敬神态虚伪，这是对礼的伤害。苛刻细察内心多疑，这是对智的伤害。随便立约要求他人信守，这是对信的伤害。

【源流】

明吕坤《呻吟语》卷一："私恩煦感,仁之贼也。直往轻担,义之贼也。足恭伪态,礼之贼也。苛察歧疑,智之贼也。苟约固守,信之贼也。此五贼者,破道乱正,圣门斥之,后世儒者往往称之以训世,无识也欤?"

　　有杀之为仁,生之为不仁者①。有取之为义,与之为不义者。有卑之为礼②,尊之为非礼者③。有不知为智,知之为不智者。有违言为信④,践言为非信者⑤。

【注释】

①生:使他生,使他活下来。

②卑:此处指用卑贱的方式对待他。

③尊:此处指用尊敬的方式对待他。

④违言:违背诺言。

⑤践言:履行诺言。

【译文】

　　有那么一种人,杀掉他是仁而让他活下来反而是不仁。有那么一种人,夺取他的财物是义而给予他财物反而是不义。有那么一种人,用卑贱的方式对待他合于礼数,而用尊敬的方式对待他却不合礼数。有那么一种人,对他而言什么都不知道才是智,而一旦他什么都知道便是不智了。有那么一种情况,违背诺言是守信,履行诺言反而是不守信用。

【源流】

明吕坤《呻吟语》卷一："有杀之为仁,生之为不仁者。有取之为义,与之为不义者。有卑之为礼,尊之为非礼者。有不知为智,知之为不智者。有违言为信,践言为非信者。"

　　愚忠愚孝①,实能维天地纲常②,惜不遇圣人裁成③,未尝入室④；大诈大奸，偏会建世间功业⑤，倘非有英主驾驭⑥，终必跳梁⑦。

【注释】

①愚忠愚孝：盲目地尽忠尽孝。

②维：维系。纲常：即"三纲五常"，"三纲"即"君为臣纲，父为子纲，夫为妻纲"。"五常"为"仁、义、礼、智、信"，代指封建社会的伦理道德体系。

③裁成：点拨，指点。

④入室：学问或技能达到更高的境界。语出《论语·先进》："由也升堂矣，未入于室也。"

⑤偏：反而。

⑥驾驭：控制，支配。

⑦跳梁：即跳梁小丑，形容猖狂捣乱而没有多大能耐的丑恶之徒。《庄子·逍遥游》："子独不见狸狌乎？卑身而伏，以候敖者，东西跳梁，不避高下，中于机辟，死于罔罟。"

【译文】

盲目地尽忠尽孝，的确能够维系社会的伦理道德体系，只可惜没有得到圣人指点，无法上升到更高的境界。无比奸诈的人，反而能够建功立业，倘若没有英明君主的驾驭，最终必定会成为跳梁小丑。

知其不可为而遂委心任之者①，达人智士之见也；知其不可为而犹竭力图之者②，忠臣孝子之心也。

【注释】

①委心：把心放下。任之：听任事情自然发展。

②竭力：用尽全力。图之：努力实现。

【译文】

知道事情不可能完成，于是便放下了心任其自然，这是通达智慧之人的见解；知道事情不可能完成，但仍用尽全力去努力实现，这是忠臣孝子的心意。

【源流】

明吕坤《呻吟语》卷四："知其不可为而遂安之者，达人智士之见也；知其不可为而犹极力以图之者，忠臣孝子之心也。"

小人只怕他有才①，有才以济之②，流害无穷③；君子只怕他无才，无才以行之④，虽贤何补⑤。

【注释】

①只怕：就怕。

②济：助。

③流害：为害，造成危害。

④行：此处指有所作为。

⑤何补：有什么用呢？

【译文】

就怕小人有才能，如果得到才能辅助，便会为害无穷；就怕君子没有才能，君子将要有所作为却没有才能，纵然贤德又有什么用呢？

【源流】

明吕坤《呻吟语》卷五："小人只怕他有才，有才以济之，流害无穷；君子只怕他无才，无才以行之，斯世何补。"

摄生类

【题解】

"摄生类"一章主要讨论的是如何保养身体的问题。编者承袭了中国古代传统的医学和养生思想,将"养心"和"养身"并举,并结合顺应外部节气变化的五行思想,总结出了一套养生心得。在编者看来,"养心"就是使心气平和、宁静安详,从心中去除各种不好的欲望。"养身"主要指顺应外界自然时节的变化来调节生活,并懂得有所节制,从生活中去除各种不好的欲望。当然,无论"养心"还是"养身"都是既可以在宁静独居时完成,又可以在喧闹吵杂中实现,只要内心能够平静下来,外界环境便不那么重要了。编者在告诫人们谨慎、节制的时候,更从长远的角度提醒人们,现在的放纵享乐和不加节制往往会导致将来年老时的疾病缠身。中医五行思想在本章也有提及,编者将人的五种情绪借助五行思想与人的五脏相对,进而提醒人们,每一种情绪一旦过度就会对相应的脏器造成伤害。其中心思想还是要告诉人们,不仅要在饮食、欲望等方面需要节制,情绪对人的健康也存在着重要的影响,所以情绪也要有所节制。"摄生类"一章的许多养生心得都有中医理论作为依据,时至今日仍是我们应当遵行的养生守则。养生中的"五行"思想,实际上还是提醒人们在产生五种情绪时要尽量保持一种平和的"中"的心态,只有这样才不会使身心因某种情绪过度而受到伤害,这也是人们在日常生活中应当努力做到的。

　　慎风寒①，节饮食②，是从吾身上却病法③；寡嗜欲，戒烦恼④，是从吾心上却病法。

【注释】

①慎：小心，注意。风寒：冷风寒气。《黄帝内经·素问·玉机真藏论》："今风寒客于人，使人毫毛毕直，皮肤闭而为热。"

②节：节制。

③却：去除。

④戒：消除。

【译文】

注意冷风寒气，节制饮食，这是从自己身上去除疾病的方法；减少欲望享乐，消除烦恼，这是从自己心里去除疾病的方法。

【源流】

清陈弘谋《五种遗规》之"史搢臣《愿体集》"："慎风寒，节嗜欲，是从吾身上却病法；省忧愁，戒烦恼，是从吾心上却病法。"按，史搢臣，名典，《格言联璧》此句当本于清代史典编撰之文句。

　　少思虑以养心气①，寡色欲以养肾气，勿妄动以养骨气，戒嗔怒以养肝气②，薄滋味以养胃气③，省言语以养神气④，多读书以养胆气，顺时令以养元气⑤。

【注释】

①养：使身心得到滋补和休息。

②嗔（chēn）怒：愤怒。

③薄滋味：饮食清淡。

④神气：此处指精神。

⑤顺时令：人的行为要顺应时节的变换。时令，时节。元气：中医术
　语。人体的"正气"，与"邪气"相对。

【译文】

减少思虑来养护心气，减少色欲来养护肾气，不草率行动来养护骨
气，戒除愤怒来养护肝气，饮食清淡来养护胃气，少说话来养护精神，多
读书来养护胆气，顺应时令来养护元气。

【源流】

明王樵《方麓集》卷十六："节饮食以养脾气，节言语以养肺气，戒暴
怒以养肝气，省思虑以养心气，绝房欲以养肾气，此五者尤为至要。"

忧愁则气结①，忿怒则气逆②，恐惧则气陷③，拘迫则气
郁④，急遽则气耗⑤。

【注释】

①气结：气血阻塞。

②气逆：气血不畅。逆，不顺畅。

③气陷：气血亏虚。

④拘迫：束缚，限制。此处指压抑。气郁：气血郁结。

⑤急遽（jù）：急切，急迫。气耗：气血耗损。

【译文】

忧愁则气血阻塞，愤怒则气血不畅，恐惧则气血亏虚，压抑则气血郁
结，急切则气血耗损。

行欲徐而稳①，立欲定而恭②，坐欲端而正，声欲低而和③。

【注释】

①行：此处指走路。徐：缓慢，舒缓。

②定：笔直，正直。恭：恭敬。

③声：此处指说话的声音。低：声音低沉而不尖厉。

【译文】

走路应当缓慢而稳重，站立应当笔直而恭敬，坐着应当端庄而方正，话音应当低沉而温和。

【源流】

明李中梓《颐生微论》卷一："行欲徐而稳，立欲定而恭，坐欲端而直，声欲低而和，常于动中习静，使此身常在太和元气中，久久自有圣贤气象。"

　　心神欲静，骨力欲动①。胸怀欲开，筋骸欲硬②。脊梁欲直，肠胃欲净。舌端欲卷③，脚跟欲定④。耳目欲清，精魂欲正⑤。

【注释】

①骨力：体力。此处指身体。动：此处指运动。

②筋骸（hái）：筋骨。硬：此处指强健。

③舌端欲卷：舌头应当卷曲。此处指应当沉默少言。

④脚跟欲定：立定脚跟，站稳脚跟。此处指做人摆正自己的身心。

⑤精魂：心思，思想。

【译文】

心神应当保持平静，身体应当多加运动。胸怀应当开阔豁达，筋骨应当保持强健硬朗。脊梁应当摆正挺直，肠胃应当通畅干净。舌头常卷，沉默少言；脚跟站稳，摆正身心。耳目应当清净，心思应当放正。

　　多静坐以收心①，寡酒色以清心，去嗜欲以养心，玩古训以警心^②，悟至理以明心。

【注释】

①收心：把放纵散漫的心思收敛起来。

②玩：体会，领悟。警心：使内心受到警醒。

【译文】

经常静坐使心思得到收敛，少贪杯好色使内心得到清静，去除欲望使内心得到修养，体会历代古训使内心受到警醒，感悟至理名言使内心变得明朗。

宠辱不惊^①，肝木自宁^②。动静以敬^③，心火自定。饮食有节，脾土不泄^④。调息寡言^⑤，肺金自全。恬淡寡欲^⑥，肾水自足。

【注释】

①宠辱不惊：受宠或受辱都不放在心上，指不因外物得失而动心。晋潘岳《在怀县》诗："宠辱易不惊，恋本难为思。"

②肝木：即肝，中医以金、木、水、火、土五行对应肺、肝、肾、心、脾五脏。下句中的心火、脾土、肺金、肾水，即为此意。

③敬：此处指严格遵守礼法。

④泄：此处指损耗，损伤。

⑤调息：调节呼吸。

⑥恬淡：平和淡泊。

【译文】

不因外物得失而动心，肝气自然平静。行动休息谨遵礼法，内心自然安定。饮食有节制，脾胃自然不会受到损伤。调节呼吸少说话，肺气自然得以保全。平和淡泊减少欲望，肾气自然充足。

【源流】

明高濂《遵生八笺》卷之二："宠辱不惊,肝木自宁。动静以敬,心火自定。饮食有节,脾土不泄。调息寡言,肺金自全。恬然无欲,肾水自足。此皆吾生药石,人当请事斯语。"

道生于安静,德生于卑退[①],福生于清俭,命生于和畅[②]。

【注释】

①卑退:谦卑。

②和畅:和顺舒畅。晋王羲之《兰亭集序》:"是日也,天朗气清,惠风和畅。"

【译文】

道是在安静中体悟出来的,德是在谦卑中培养出来的,福是在清俭中积累起来的,命是在和顺舒畅中造就的。

【源流】

明高濂《遵生八笺》卷之二《洗心说》:"福生于清俭,德生于卑退,道生于安静,命生于和畅,患生于多欲,祸生于多贪,过生于轻慢,罪生于不仁。"

天地不可一日无和气[①],人心不可一日无喜神[②]。

【注释】

①和气:天地间阴阳调和而化生万物之气。此处指生机勃勃之气。

②喜神:能带来吉祥好运的神。此处指积极乐观的态度。

【译文】

天地万物不可一日无生机勃勃之气,人心中不可一日无积极乐观之态度。

【源流】

明洪应明《菜根谭》："疾风怒雨,禽鸟戚戚;霁月光风,草木欣欣;可见天地不可一日无和气,人心不可一日无喜神。"

拙字可以寡过①,缓字可以免悔,退字可以远祸②,苟字可以养福③,静字可以益寿。

【注释】

①拙:此处指为人诚实质朴。

②退:此处指谦逊退让。

③苟:此处指随遇而安。

【译文】

为人诚实质朴可以使人少犯错误,办事从容不迫可以使人没有悔恨,谦逊退让可以使人远离灾祸,随遇而安可以使人拥有幸福,宁静平和可以使人长寿。

毋以妄心戕真心①,勿以客气伤元气②。

【注释】

①戕(qiāng):伤害,损害。

②客气:中医术语。指侵害人体的"邪气"。语出《黄帝内经·素问·标本病传论》:"人有客气,有同气。"自然界六淫之气中,与人体六经之气相合者为同气,不与六经之气相合者为客气。

【译文】

不要让虚妄荒谬的念头伤害了自己的本心,不要让外界的湿邪之气伤害到自己的元气。

【源流】

明吴与弼《康斋文集》卷十一："毋以妄想戕真心，客气伤元气。"

拂意处要遣得过^①，清苦日要守得过^②，非理来要受得过^③，忿怒时要耐得过，嗜欲生要忍得过。

【注释】

①拂（fú）意：不顺心。拂，违背，不顺。遣：排解，排遣。

②守：坚守。

③非理：意外。受：承受。

【译文】

处境不顺时要排遣得了，日子清苦时要坚持得住，遭遇意外时要承受得起，怒气冲天时要忍耐得下，欲望萌生时要克制得住。

言语知节^①，则愆尤少^②。举动知节^③，则悔吝少^④。爱慕知节，则营求少^⑤。欢乐知节，则祸败少^⑥。饮食知节，则疾病少。

【注释】

①知节：懂得节制。

②愆（qiān）尤：过失，错误。唐李白《古风》："功成身不退，自古多愆尤。"

③举动：此处指行动，行事。

④悔吝（lìn）：追悔，后悔。

⑤营求：谋求，要求。

⑥祸败：灾祸。

【译文】

　　说话懂得节制,便会少犯错。行动懂得节制,便会少后悔。爱慕懂得节制,便会少要求。欢乐懂得节制,便能少灾祸。饮食懂得节制,便会少疾病。

　　人知言语足以彰吾德,而不知慎言语乃所以养吾德^①;人知饮食足以益吾身,而不知节饮食乃所以养吾身。

【注释】

①慎言语:此处指说话谨慎。《周易·颐卦》:"象曰:君子以慎言语,节饮食。"

【译文】

　　人们都知道说话可以彰显自己的德行,却不知道说话谨慎是对自身德行的修养;人们都知道饮食对自己身体有益,却不知道节制饮食是对自己身体的养护。

　　闹时炼心,静时养心,坐时守心^①,行时验心^②,言时省心^③,动时制心^④。

【注释】

①守心:此处指使心思沉静专一,没有私心杂念。
②验心:检查自己的内心。
③省心:反省自己的内心。
④制心:控制自己的内心。

【译文】

　　喧闹时锻炼内心,安静时养护内心,静坐时坚守内心,行动时检查内心,说话时反省内心,做事时控制内心。

荣枯倚伏①，寸田自开惠逆②，何须历问塞翁③；修短参差④，四体自造彭殇⑤，似难专咎司命⑥！

【注释】

①荣枯：比喻人世盛衰。倚伏：互相依存。

②寸田：内心。惠逆：顺境和逆境。

③何须历问塞翁：何必事事询问聪明睿智之人。历问，遍问。塞翁，《淮南子》中的人物，因对自身及家人经历的灾祸与好运皆有冷静客观的认识，且见解独到目光敏锐，故而被人称为智者。衍生自成语"塞翁失马，焉知非福"。此处指聪明睿智之人。

④修短：长短。此处指人的寿命长短。汉王充《论衡·命义》："故寿命修短皆禀于天，骨法善恶皆见于体。"参差：不齐。

⑤四体：四肢。此处指身体。彭殇（shāng）：长寿和短命。晋王羲之《兰亭集序》："固知一死生为虚诞，齐彭殇为妄作。"彭，彭祖，传说他善养生，有导引之术，活到七八百岁。因封于彭城，故称"彭祖"。后比喻长寿。殇，夭折，短命。

⑥咎（jiù）：责怪，怪罪。司命：掌管生死寿命的神。

【译文】

盛衰祸福互相依存，顺境逆境皆源自内心，何必事事询问智者；寿命长短不齐，寿夭都是自己身体决定的，似乎没理由去怪罪天神。

节欲以驱二竖①，修身以屈三彭②，安贫以听五鬼③，息机以弭六贼④。

【注释】

①节欲以驱二竖：节制欲望祛除疾病。驱，此处指祛除。二竖，即病魔。《左传·成公十年》载："公疾病，求医于秦。秦伯使医缓为之。

未至。公梦疾为二竖子，曰：'彼良医也，惧伤我，焉逃之？'其一曰：'居肓之上，膏之下，若我何？'医至，曰：'疾不可为也。在肓之上，膏之下，攻之不可，达之不及，药不至焉，不可为也。'"

②三彭：道教中的"三尸神"，彭姓，分别是彭倨、彭质和彭娇，故称"三彭"，居于人体之中作祟，探查人的过错并向上天报告。此处指心中的邪念。

③五鬼：指智穷、学穷、文穷、命穷、交穷五种穷鬼。中国民间正月初五有送穷风俗，其意就是祭送穷鬼。

④息机以弭（mǐ）六贼：忘却机巧以消除欲望。息机，息灭心机，忘却机巧。弭，平息，消除。六贼，亦作"六尘"，佛教语。即色、声、香、味、触、法六尘，此六尘能以眼、耳等为媒介，损害善性。此处指各种欲望。

【译文】

节制欲望以祛除疾病，修养身心以消灭邪念，安于贫困以顺其自然，忘却机巧以消除欲望。

衰后罪孽①，都是盛时作的；老来疾病，都是壮年招的②。

【注释】

①衰：衰败。罪孽（niè）：此处指苦难。

②招：引发。

【译文】

衰败后遭受的苦难，都是繁荣时不知收敛而作下的。老时得的各种疾病，都是青壮年时不知爱惜身体而引发的。

【源流】

明洪应明《菜根谭》："老来疾病，都是少时招的；衰时罪孽，都是盛时作的。故持盈履满，君子尤兢兢焉。"

败德之事非一^①，而酗酒者德必败^②；伤生之事非一^③，而好色者生必伤。

【注释】

①败德：败坏德行。非一：不止一个，很多。

②酗（xù）酒：无节制地饮酒。

③伤生：伤害身体。

【译文】

败坏德行的事有很多，而酗酒之人的德行必定败坏。伤害身体的事有很多，而好色之人的身体必定损伤。

【源流】

宋李焘《续资治通鉴长编》卷二百八十六："张方平上书言：'臣闻好兵犹好色也，伤生之事非一，而好色者必死；贼民之事非一，而好兵者必亡。此理之必然者也。'"按，《格言联璧》此句当化用宋代张方平之语。

木有根则荣^①，根坏则枯。鱼有水则活，水涸则死^②。灯有膏则明^③，膏尽则灭。人有真精^④，保之则寿，戕之则夭。

【注释】

①荣：此处指茂盛。

②涸（hé）：干涸，干枯。

③膏：油脂。

④精：精气，元气。

【译文】

树木有根才会茂盛，如果根朽坏树木就会枯萎。鱼儿有水才能存活，如果水干涸鱼儿就会死掉。灯有油脂才会明亮，如果油脂耗尽灯就会熄灭。人有真精元气，好好加以保护才会长寿，如果遭到损害就会早亡。

敦品类

【题解】

　　"敦品类"一章主要讨论的是良好品行的培养。在编者看来，人的品格和德行是最重要的，然而高尚的品格和德行培养起来却并非易事。首先，编者指出品德的培养是一个漫长而艰苦的过程，任何一点小的过失和动摇都会损害高尚品德的最终养成。无论是古代还是现代，优良的品格都是在长久的培养中逐渐形成的。其次，编者在这一章里着力将君子和小人的品行进行了比较，高尚、卑劣自然有了分别，也使人对品格的高下有了更加直观的体会。最后，编者还列举了一些具体生活中与人交往时，身处不同的情况、面对不同的人，如何为人处世才能坚守节操的有效办法。归根结底是要保持内心正直，为人坦荡，待人宽和，处世通达。并且，编者还提出了对"士大夫"即读书人的一种期望，就是在现实生活中，要尽力将读书明理和修身养性相结合，实现品学兼优。不仅要成为踏实的治学之人，更要成为时代的道德楷模，成为关照天下苍生责任感和使命感的大气之人，切不可沦为只顾个人得失、只为自家谋财的庸俗之人。"敦品类"一章中论及品行培养的三个方面，时至今日对我们每个人良好品格的形成都有着深刻的指导意义。而编者的期望更是让每个读书明理的人都在心中明确这一种责任和担当，无论时代变换，这种荣誉感和使命感都会成为推动人们不断自我完善的力量。

欲做精金美玉的人品①,定从烈火中锻来②;思立揭地掀天的事功③,须向薄冰上履过④。

【注释】

①精金美玉:比喻纯洁完美的人或事物。

②烈火:此处指烈火般艰苦的环境。

③揭地掀天:犹翻天覆地。事功:功业。

④薄冰:很薄的冰层,引申为凶险的环境。履过:走过,走向。

【译文】

想要塑造纯洁完美的品格,必须要在烈火般艰苦的环境中经受锻炼;想要成就翻天覆地的功业,必须不畏艰难敢于向凶险的环境前进。

【源流】

明江用世《史评小品》卷二十一"程颢"条:"欲做精金美玉的人品,定从烈火中锻来;思立揭地掀天的事业,须向薄冰上履过。"按,《格言联璧》此句当本于宋代程颢之语。

人以品为重①,若有一点卑污之心②,便非顶天立地汉子;品以行为主③,若有一件愧怍之事④,即非泰山北斗品格⑤。

【注释】

①品:品行,品德。

②卑污:卑鄙肮脏。《史记·日者列传》:"'矫言鬼神,以尽人财,厚求拜谢,以私于己',此吾之所耻,故谓之卑污也。"

③行:此处指践行。

④愧怍(zuò):惭愧。宋罗大经《鹤林玉露·小官对移》:"心无愧怍,则无入而不自得;心无贪恋,则无往而不自安。"

⑤泰山北斗：泰山为五岳之首，北斗星为众星之首。比喻德高望重
　或卓有成就而为人们所尊重敬仰的人。语出《新唐书·韩愈传》：
　"自愈没，其言大行，学者仰之如泰山、北斗云。"

【译文】

人以品德为重，如果有那么一点卑鄙肮脏的念头，便不是顶天立地
的大丈夫；品德以践行为主，如果有那么一件让自己感到惭愧的事，便不
是泰山北斗的好品格。

人争求荣乎①，就其求之之时，已极人间之辱②；人争恃
宠乎③，就其恃之之时，已极人间之贱。

【注释】

①荣：荣耀，尊荣。

②极：穷极，穷尽。

③恃（shì）宠：倚仗尊荣。恃，倚仗，依靠。宠，尊贵，尊荣。《左传·定
　公四年》："无怙富，无恃宠。"

【译文】

人们争相追求尊荣，其实在追求尊荣的时候，就已经受尽了这世间
的侮辱了。人们争相倚仗尊荣，其实在倚仗这种尊荣的时候，就已经沦
为这世间最卑贱的人了。

丈夫之高华①，只在于功名气节；鄙夫之炫耀②，但求诸
服饰起居。

【注释】

①高华：高贵显赫。

②鄙夫：庸俗浅陋的人。

【译文】

大丈夫的高贵显赫，只在于功业声名、气节操守；庸俗浅陋之人所炫耀的，不过是衣着佩饰、饮食起居而已。

　　阿谀取容①，男子耻为妾妇之道②；本真不凿③，大人不失赤子之心④。

【注释】

①阿谀（ē yú）取容：阿谀奉承取悦讨好。《东周列国志》第八十九回："且王雒等阿谀取容，蔽贤窃位。"阿谀，说别人爱听的话，奉承迎合。取容，取悦，讨好。

②妾妇之道：卑贱之人的行径。妾妇，指妇女或地位卑微的人。

③本真：率真，本来面目。不凿：不矫揉造作。

④大人不失赤子之心：大丈夫不失纯洁善良之心。语出《孟子·离娄下》："大人者，不失其赤子之心者也。"大人，此处指大丈夫。赤子之心，心地纯洁善良，天真无邪。

【译文】

阿谀奉承取悦讨好，男子汉以这种卑贱之人的行径为耻；率真做人不矫揉造作，大丈夫不失纯洁善良之心。

　　君子之事上也①，必忠以敬，其接下也②，必谦以和；小人之事上也，必谄以媚③，其待下也，必傲以忽④。

【注释】

①事上：对待地位比自己高的人。上，此处指地位比自己高的人。

②接下：对待地位比自己低的人。下，此处指地位比自己低的人。

③必谄（chǎn）以媚：谄媚奉承。

④忽：轻视，轻蔑。

【译文】

君子对待地位比自己高的人，必定忠诚恭敬，对待地位比自己低的人，必定谦逊温和；小人对待地位比自己高的人，必定谄媚奉承，对待地位比自己低的人，必定傲慢轻蔑。

【源流】

清陈弘谋《五种遗规》之"何西畴《常言》"："君子之事上也，必忠以敬，其接下也，必谦以和；小人之事上也，必谄以媚，其待下也，必傲以忽。媚上而忽下，小人无常心，故君子恶之。"按，何坦，号西畴，《格言联璧》此句当本于宋代何坦之语。

立朝不是好官人①，由居家不是好处士②。平素不是好处士，由小时不是好学生。

【注释】

①立朝：在朝为官。官人：此处指官员。

②处士：本指德才兼备而隐居不仕的人，后亦泛指未做官的士人。《孟子·滕文公下》："圣王不作，诸侯放恣，处士横议。"

【译文】

在朝为官不是好官员，是因为在家时就不是德才兼备的士人。平时就不是什么德才兼备的士人，是因为小时候就不是个好好学习的孩子。

【源流】

清陈弘谋《五种遗规》之"王朗川《言行汇纂》"："立朝不是好官人，由居家不是好处士。平素不是好处士，由小时不是好学生。"按，王之铁，号朗川，《格言联璧》此句当本于清代王之铁编撰之文句。

做秀才如处子^①，要怕人^②。既入仕如媳妇，要养人^③。归林下如阿婆^④，要教人。

【注释】

①秀才：此处指未做官的读书人。处子：未出嫁的姑娘，亦称为"处女"。《庄子·逍遥游》："肌肤若冰雪，绰约若处子。"

②怕人：此处指要注意自己的言行防止别人批评和议论。

③养人：此处指爱民如子，保养一方百姓。

④归林：返回山林。此处指告老还乡。明袁宏道《真定大悲阁》："相逢低两眉，但诉归林计。"阿婆：老婆婆。

【译文】

尚未做官的读书人要像未出嫁的姑娘一样，要时刻注意自己的言行以防止别人说闲话。做官之后要像嫁了人的媳妇一样，要操持事务保养一方百姓。告老还乡之后要像慈祥的老婆婆一样，要以毕生积累教育后人。

贫贱时，眼中不著富贵^①，他日得志必不骄；富贵时，意中不忘贫贱^②，一旦退休必不怨^③。

【注释】

①不著：没有，此处指不羡慕。

②意中：心中。

③退休：此处指离开官位。

【译文】

贫贱时，眼中不去羡慕富贵，将来得志一定不会骄横；富贵时，心中不忘贫贱，将来离开官位也不会有什么抱怨。

【源流】

清陈弘谋《五种遗规》之"史搢臣《愿体集》"："贫贱时，眼中不看富

贵,他日得志必不骄;富贵时,意中不忘贫贱,一旦退休必不怨。"按,史
揾臣,名典,《格言联璧》此句当本于清代史典编撰之文句。

贵人之前莫言贱^①,彼将谓我求其荐^②;富人之前莫言
贫,彼将谓我求其怜。

【注释】

①言贱:此处指说自己低贱。

②荐:推荐,推举。

【译文】

在地位高的人面前不要说自己低贱,这样做会让对方以为你在乞求
他的推荐;在富有人的面前不要说自己贫穷,这样做会让对方以为你在
乞求他的怜悯。

【源流】

明刘万春《守官漫录》卷二:"(胡文定公)又曰:'贵人之前莫言穷,
彼将谓我求其荐矣;富人之前莫言贫,彼将谓我求其助矣。'"按,胡安国
谥文定,《格言联璧》此句当本于宋代胡安国之语。

小人专望人恩^①,恩过辄忘^②;君子不轻受人恩^③,受则
必报。

【注释】

①恩:恩惠,好处。

②辄:就,便。

③轻:轻易,随便。

【译文】

小人总是期望能够得到他人的恩惠,接受后就马上忘记;君子不轻

易接受别人的恩惠,一旦接受了就必定会回报。

处众以和^①,贵有强毅不可夺之力^②;持己以正^③,贵有圆通不可拘之权^④。

【注释】

①处众:与大家相处。和:此处指随和。

②强毅:刚强坚毅。夺:改变。《论语·子罕》:"子曰:'三军可夺帅也,匹夫不可夺志也。'"

③正:端正严格。

④圆通:圆融通达,处事灵活。拘:拘泥。权:权变,变通。《孟子·离娄上》:"男女授受不亲,礼也;嫂溺援之以手者,权也。"

【译文】

与大家相处要态度随和,贵在坚持原则立场时刚强坚毅;自己修身要端正严格,贵在不拘泥原则懂得权变时圆融通达。

【源流】

明吕坤《呻吟语》卷四:"心平气和而有强毅不可夺之力,秉公持正而有圆通不可拘之权,可以语人品矣。"

使人有面前之誉^①,不若使人无背后之毁;使人有乍处之欢^②,不若使人无久处之厌。

【注释】

①面前之誉:当面的赞誉。

②乍(zhà)处之欢:短暂相处的欢乐。乍,短暂。

【译文】

使人得到当面的赞誉,不如使他人没有背后的诋毁;使人有短暂相处的欢乐,不如使人没有长久交往的厌烦。

　　媚若九尾狐①,巧如百舌鸟②,哀哉羞此七尺之躯;暴同三足虎③,毒比两头蛇④,惜也坏尔方寸之地⑤!

【注释】

①九尾狐:传说中的奇兽。此处指内心奸诈善于谄媚逢迎的人。

②百舌鸟:鸣叫声音婉转圆润的鸟。此处指内心阴险花言巧语的人。

③三足虎:又作三脚虎,传说中的一种猛兽,生性凶残暴虐。

④两头蛇:传说中的毒蛇,因其尾圆钝,骤看颇似头,故名两头蛇。古人传说见之者死。此处指阴险狠毒的人。

⑤方寸之地:心地。《列子·仲尼篇》:"文挚乃命龙叔背明而立,文挚自后向明而望之,既而曰:'嘻! 吾见子之心矣:方寸之地虚矣。'"

【译文】

　　谄媚逢迎像九尾狐,花言巧语像百舌鸟,可悲啊! 堂堂七尺男儿会有如此行径;凶残暴虐如同三足虎,阴险狠毒好比两头蛇,可惜啊! 人的心地怎么会如此败坏啊!

　　到处伛偻①,笑伊首何仇于天②? 何亲于地? 终朝筹算③,问尔心何轻于命? 何重于财?

【注释】

①伛偻(yǔ lǚ):本指人弯腰驼背。《淮南子·精神训》:"子求行年五十有四,而病伛偻。"此处指点头哈腰、低三下四逢迎他人。

②伊首:他的头。伊,他。

③筹(chóu)算:谋划,算计。

【译文】

到处低三下四逢迎他人，可笑你的头和天有仇吗？和地有亲吗？整天都在谋划算计，问问你的心为何这样轻视生命？为何如此看重钱财？

富儿因求宦倾赀^①，污吏以黩货失职^②。

【注释】

①富儿：富家子弟。求宦：求取官职。倾赀：倾尽家产，倾尽资财。赀，同"资"。

②黩（dú）货：贪财。唐柳宗元《封建论》："列侯骄盈，黩货事戎。"

【译文】

富家子弟因求取官职而倾尽家产，贪官污吏因贪污受贿而丢掉官位。

【源流】

清陈弘谋《五种遗规》之"何西畴《常言》"："富儿因求宦倾赀，污吏以黩货失职。初皆起于慊其所无，而卒至于丧其所有也，各泯其贪心，而安分守节则何夺禄败家之有？"按，何坦，号西畴，《格言联璧》此句当本于宋代何坦之语。

亲兄弟析箸^①，璧合翻作瓜分^②；士大夫爱钱，书香化为铜臭。

【注释】

①析箸（zhù）：分家。箸，筷子。明朱元弼《犹及篇》："沉益川腾蛟者，宪副秦川公伯子也。宪副晚而更置室，生子腾龙，析箸别居。"

②璧合：合璧，即两块半圆形的璧合并在一起，有祥瑞和美之意，此

处指家族和睦美好。璧，半圆形中间有孔的玉器，多作为礼器，亦
可作为装饰。瓜分：像切瓜一样分开。此处指家族四分五裂。《汉
书·贾谊传》："高皇帝瓜分天下以王功臣，反者如蝟毛而起。"

【译文】

亲兄弟分家，曾经美好和睦的家族就此变得四分五裂；读书人爱钱，
高雅书香之气便沦为世俗贪财的铜臭味。

【源流】

明郑元勋《媚幽阁文娱》卷八："亲兄弟析箸，璧合翻作瓜分；士大夫
爱钱，书香化为铜臭。"按，此条后附"以上采《双清》"注文，疑即明代杨
梦衮所著之《双清》，故《格言联璧》此句似当本于明代杨梦衮之语。

士大夫当为子孙造福，不当为子孙求福。谨家规[①]，崇
俭朴，教耕读，积阴德[②]，此造福也。广田宅，结姻援[③]，争什
一[④]，鬻功名[⑤]，此求福也。造福者澹而长[⑥]，求福者浓而短。

【注释】

①谨家规：严肃家规。谨，严谨，严肃。

②阴德：阴功，指人在世期间做的好事亦可作为死后阴间的功德。
  此处可以作德行理解。

③结姻（yīn）援：此处指与权贵攀亲结交。

④争什一：此处指盘剥百姓。什一，古代赋税制度，十而税一，称"什
  一"。《孟子·滕文公上》："夏后氏五十而贡，殷人七十而助，周人
  百亩而彻，其实皆什一也。"此处指雇佣百姓为自己干活。

⑤鬻（yù）功名：指用钱财贿赂而获得功名。

⑥澹（dàn）：恬淡，清淡。

【译文】

读书人应当为子孙造福，而不当为子孙求福。严肃家规，崇尚简朴，

教子孙耕田读书，积德行善，这是造福。广置田宅，与权贵攀亲结交，盘剥百姓，贿赂求官，这是求福。造福清淡而长久，求福浓烈而短暂。

【源流】

清陈弘谋《五种遗规》之"张侗初《却金堂四箴》"："士大夫当为子孙造福，不当为子孙求福。谨家规，崇俭朴，教耕读，积阴德，此造福也。广田宅，结姻援，争什一，鬻功名，此求福也。造福者澹而长，求福者浓而短。"按，张鼐，号侗初，《格言联璧》此句当本于明代张鼐之语。

士大夫当为此生惜名^①，不当为此生市名^②。敦诗书^③，尚气节，慎取与，谨威仪，此惜名也。竞标榜^④，邀权贵^⑤，务矫激^⑥，习模棱^⑦，此市名也。惜名者，静而休^⑧；市名者，躁而拙。士大夫当为一家用财^⑨，不当为一家伤财^⑩。济宗党^⑪，广束脩^⑫，救荒歉^⑬，助义举，此用财也。靡苑囿^⑭，教歌舞，奢燕会^⑮，聚宝玩，此伤财也。用财者，损而盈^⑯；伤财者，满而覆^⑰。

【注释】

①惜名：爱惜自己的名声。

②市名：求取名声。

③敦（dūn）：此处指潜心研读。

④竞标榜：争相吹捧。标榜，吹捧，夸耀。

⑤邀：此处指结交。

⑥矫（jiǎo）激：奇怪偏激，违背常情。

⑦模棱（léng）：遇事不置可否，态度含糊。

⑧休：美好，美善。《诗经·大雅·民劳》："无弃尔劳，以为王休。"毛传："休，美也"。

⑨用财：此处指合理使用钱财。

⑩伤财：此处指浪费钱财。

⑪济宗党：接济宗族乡亲。济，接济，帮助。宗党，宗族和乡亲，家族内的成员和家族外的乡亲。

⑫束脩（xiū）：即干肉，古代入学敬师的礼物，或指学生致送教师的酬金。此处指教育。《论语·述而》："自行束脩以上，吾未尝无诲焉。"

⑬荒歉：因灾荒而收成不好。唐韦应物《始至郡》："旱岁属荒歉，旧逋积如坻。"

⑭靡（mí）苑囿（yòu）：大把花钱修建园林。靡，浪费。苑囿，此处指园林。

⑮燕会：宴会。

⑯损而盈：虽然有所花费但还是充足够用的。损，减少。此处指花费。盈，充足。

⑰满而覆：纵然积累满满但终将一无所有。满，此处指财富积累得多。覆，败，灭。此处指一无所有。

【译文】

读书人应当为这一生爱惜自己的名声，而不应当为这一生去求取名声。潜心诗书，崇尚气节，谨慎取予，注重仪表，这是爱惜名声。争相吹捧，结交权贵，行为偏激，态度含糊，这是求取名声。爱惜名声的人，平静而美好；求取名声的人，浮躁而愚笨。读书人应当为家族合理使用钱财，而不应当为家族而浪费钱财。接济宗族乡亲，兴办学堂，救济灾荒，扶助善行义举，这是合理使用钱财。大把花钱修建园林，豢养歌舞艺人，宴会奢侈无度，聚敛珍奇宝物，这是浪费钱财。合理使用钱财，虽然有所花费但还是充足够用；浪费钱财，纵然积累满满但终将一无所有。

【源流】

清陈弘谋《五种遗规》之"张侗初《却金堂四箴》"："士大夫当为此生惜名，不当为此生市名。敦诗书，尚气节，慎取与，谨威仪，此惜名也。

竞标榜,邀权贵,务矫激,习模棱,此市名也。惜名者,静而休;市名者,躁而拙。士大夫当为一家用财,不当为一家伤财。济宗党,广束脩,救荒俭,助义举,此用财也。靡苑囿,教歌舞,奢燕会,聚宝玩,此伤财也。用财者,损而盈;伤财者,满而诎。"按,张鼐,号侗初,《格言联璧》此句当本于明代张鼐之语。

　　士大夫当为天下养身,不当为天下惜身。省嗜欲,减思虑,戒忿怒,节饮食,此养身也。规利害^①,避劳怨,营窟宅^②,守妻子,此惜身也。养身者,啬而大^③;惜身者,膻而细^④。

【注释】

①规:谋划,算计。利害:此处指得失。

②营:营造,营建。窟宅:人住的窑洞。此处指房屋。

③啬(sè):小气。

④膻(shān):膻腥之味。此处指俗气。细:此处指人格渺小。

【译文】

读书人应当为天下苍生养身,不应当为天下苍生惜身。减少不良的欲望,去除无用的思考,戒除愤怒,节制饮食,这是养身。计较利害得失,逃避劳苦和怨恨,营建房屋,守着妻子儿女,这是惜身。养身的人,虽然看似对自己和家人小气,但是人格高大;惜身的人,不仅俗气而且人格渺小。

【源流】

清陈弘谋《五种遗规》之"张侗初《却金堂四箴》":"士大夫当为天下养身,不当为天下惜身。省嗜欲,减思虑,戒忿怒,节饮食,此养身也。规利害,避劳怨,营窟宅,守妻子,此惜身也。养身者,啬而大;惜身者,膻而细。"按,张鼐,号侗初,《格言联璧》此句当本于明代张鼐之语。

处事类

【题解】

"处事类"一章主要讲述的是处理事务中应遵循的原则和需要注意的方面。首先,要内心正直、诚实、有责任感,无论是为自己办事还是为他人办事都要坚持原则、认认真真、尽到自己的责任和义务。并且,要常常进行自我反省,反思自己的缺点和不足,以求获得更大的进步。其次,面对繁杂的日常事务,要始终保持内心的宁静、情绪的平和。面对大事、急事时不要心慌着急,要有处理小事、缓事的平静和稳重。面对小事、缓事时又不可粗心懈怠,要有处理大事、急事的谨慎和果断。只有这样才能轻松平静地处理好大事,谨慎严肃地处理好小事。最后,在做事时还要做到有始有终和循序渐进。在做每件事的时候,谋划得好只是个开始而已,要实实在在地做起来并坚持到最后,这才叫"做成了一件事"。并且,在做的过程中还要有恒心和毅力,大事往往都不是一朝一夕做成的,只有在踏实前行中才能成就一番伟大的事业。"处事类"一章告诫大家无论处理什么样的事情都要内心正直、诚实、有责任感、认真,这些都是我们在处事中要努力做到的。当然,篇中偶有抄录强调命运与机缘的话语,这也许是编者与历代先贤对传统社会下个人际遇和时代命运的一种共同感悟,在抱以"理解之同情"时,还要准确把握传统士大夫奋发有为、积极向上的主体精神。此外篇中谈及的一些办事方法和窍门,在当下的生活中仍不失为应对各类繁杂事务的好方法,是值得我们学习和借鉴的。

处难处之事愈宜宽①,处难处之人愈宜厚②,处至急之事愈宜缓③,处至大之事愈宜平④,处疑难之际愈宜无意⑤。

【注释】

①宽:宽缓。

②厚:宽厚。

③缓:此处指从容不迫。

④平:此处指心平气和。

⑤无意:此处指顺其自然,不要刻意为之。

【译文】

处理难办的事情更应当宽缓,对待难相处的人更应当宽厚,处理紧急的事情更应当从容不迫,处理重大的事情更应当心平气和,处于疑虑困惑的时候更应顺其自然,不要刻意为之。

无事时,常照管此心①,兢兢然若有事②;有事时,却放下此心③,坦坦然若无事④。无事如有事,提防才可弭意外之变⑤;有事如无事,镇定方可消局中之危。

【注释】

①照管:照料。此处指多加修养。

②兢兢(jīng)然:小心谨慎的样子。《尚书·皋陶谟》:"无教逸欲有邦,兢兢业业,一日二日万几。"汉孔安国注:"兢兢,戒慎;业业,危惧。"

③放下此心:将心放下。此处指不做过多思考,该怎么做就怎么做。

④坦坦然:坦然平静的样子。唐韩愈《曹成王碑》:"出则囚服就辩,

入则拥笏垂鱼,坦坦施施。"

⑤弭(mǐ):平息,消除。

【译文】

没事的时候,要常常照料自己的内心,就像有事时一样小心谨慎;有事的时候,却要将心放下,就像没事时一样坦然平静。没事的时候像有事一样,小心防范才能消除意外的变故;有事的时候像没事一样,内心镇定才能消除其中隐藏的危险。

当平常之日,应小事宜以应大事之心应之①。盖天理无小,即目前观之,便有一个邪正,不可忽慢苟简②,须审理之邪正以应之方可③。及变故之来,处大事宜以处小事之心处之。盖人事虽大,自天理观之,只有一个是非,不可惊惶失措,但凭理之是非以处之便得④。

【注释】

①应:应对,对待。

②忽慢苟简:轻慢草率。忽慢,轻慢。苟简,草率简陋。《庄子·天运》:"食于苟简之田,立于不贷之圃。"

③审:察明。

④凭理:依据道理。便得:就可以了。

【译文】

平常的时候,对待小事应当用对待大事的心态来对待。因为天地之间,道理没有大小之分,就眼前来看,只有邪正之别,不可轻慢草率,要察明事理的邪正才可以开始处理。至于变故发生时,对待大事应当用对待小事的心态来处理。因为世间人事虽然重大,但从天地至理的角度看,不过是是非之分,不可惊慌失措,只要根据道理的对错来处理就可以了。

缓事宜急干,敏则有功①;急事宜缓办,忙则多错。

【注释】

①敏则有功:迅速去做才能做好。敏,迅速。功,此处指做好。《论
　语·阳货》:"子曰:'恭则不侮,宽则得众,信则人任焉,敏则有
　功。'"汉孔安国注:"应事疾则多成功也。"

【译文】

不着急的事情要快速地做,因为这类事情往往迅速去做才能做好;
着急的事情要稳妥地做,因为这类事情往往手忙脚乱会造成很多错误。

不自反者①,看不出一身病痛②;不耐烦者③,做不成一
件事业。

【注释】

①自反:自我反省。《礼记·学记》:"学然后知不足,教然后知困。
　知不足然后能自反也,知困然后能自强也,故曰:'教学相长也。'"
　汉郑玄注:"自反,求诸己也。"

②病痛:此处指毛病,过失。

③耐烦:有耐心,有耐性。

【译文】

不会自我反省的人,看不到自己的一身毛病;没有耐心的人,做不成
一件大事。

日日行,不怕千万里;常常做,不怕千万事。

【译文】

天天都在前进,不怕路途有千里万里;常常去做,不怕事情有千件

万件。

必有容,德乃大;必有忍,事乃济①。

【注释】

①济:此处指成功。

【译文】

做人一定要能包容,而后才能德行高尚;做人一定要能忍耐,而后事业才能成功。

【源流】

《尚书·君陈》:"必有忍,其乃有济;有容,德乃大。"

过去事丢得一节是一节①。现在事了得一节是一节②。未来事省得一节是一节③。

【注释】

①丢得:此处指忘记。节:件。

②了得:完成。

③省得:省略,减少。

【译文】

已经过去的事情,能忘一件是一件。当下的事情,完成一件是一件。未来的事情,能少一件是一件。

强不知以为知①,此乃大愚;本无事而生事,是谓薄福②。

【注释】

①强不知以为知:明明不知道非要装作知道。《论语·为政》:"知之

为知之,不知为不知,是知也。"

②薄福:又作福薄,没有福气。

【译文】

明明不知道非要装作知道,这是最大的愚蠢;本来没有事却非要自生事端,这是命中没有福气。

居处必先精勤①,乃能闲暇;凡事务求停妥②,然后逍遥。

【注释】

①居处:此处指日常生活。《论语·子路》:"子曰:'居处恭,执事敬,与人忠。虽之夷狄,不可弃也。'"

②停妥(tuǒ):妥当周全。《醒世恒言》:"制备日用家伙物件,将田园逐一经理停妥。"

【译文】

日常生活中必须刻苦勤奋,只有这样才能有所闲暇;处理事情必须妥当周全,只有这样才能逍遥自在。

天下最有受用①,是一闲字,然闲字要从勤中得来;天下最讨便宜,是一勤字,然勤字要从闲中做出。

【注释】

①受用:得益,受益。《朱子语类·论知行》:"今只是要理会道理,若理会得一分,便有一分受用。"

【译文】

天下最受益的,是一个"闲"字,然而清闲要从辛勤中得来;天下最得便宜的,是一个"勤"字,然而辛勤是在清闲中做出来的。

自己做事，切须不可迂滞①，不可反覆②，不可琐碎。代人做事，极要耐得迂滞，耐得反覆，耐得琐碎。

【注释】

①迂滞（yū zhì）：迂腐固执。

②反覆：反复无常。

【译文】

自己做事，切不可迂腐固执，不可反复无常，不可琐碎细密。替别人做事，必须要忍受得了迂腐固执，忍受得了反复无常，忍受得了琐碎细密。

【源流】

清陈弘谋《五种遗规》之"魏叔子《日录》"："人做事极不可迂滞，不可反覆，不可烦碎。代人做事，又极要耐得迂滞，耐得反覆，耐得烦碎。"按，魏叔子，名禧，《格言联璧》此句当本于明末清初魏禧编撰之文句。

谋人事如己事①，而后虑之也审②；谋己事如人事，而后见之也明。

【注释】

①谋人事：为别人谋划事情。己事：自己的事情。

②审：此处指审慎，周全。

【译文】

为别人谋划事情就好像在为自己谋划一样，只有这样才会考虑得谨慎周全；谋划自己的事情就好像在为别人谋划一样，只有这样才看得透彻明白。

无心者公①，无我者明②。

【注释】

①心：此处指私心。

②明：此处指明辨是非。

【译文】

没有私心才能秉公办事，不存私见才能明辨是非。

【源流】

明吕坤《呻吟语》卷四："无心者公，无我者明。当局之君子不如旁观之众人者，有心、有我之故也。"

置其身于是非之外，而后可以折是非之中①；置其身于利害之外，而后可以观利害之变②。

【注释】

①折是非之中：即折中，以相对公允的态度来看待问题。

②变：此处指关键，重要的部分。

【译文】

将自己置身是非对错之外，这样才能以相对公允的态度来看待问题；将自己置身利害纷争之外，这样才能看清利害纷争的关键。

【源流】

明吕坤《呻吟语》卷三："置其身于是非之外，而后可以折是非之中；置其身于利害之外，而后可以观利害之变。"

任事者①，当置身利害之外；建言者②，当设身利害之中。

【注释】

①任事者：当事人，承担任务的人。《史记·乐毅传》："执政任事之臣，修法令，慎庶孽，施及乎萌隶，皆可以教后世。"

②建言者:提建议的人。

【译文】

当事人,应当将自己置身利害纷争之外;提建议的人,应当设想自己置身利害纷争之中。

【源流】

清陈弘谋《五种遗规》之"王朗川《言行汇纂》":"任事者,当置身利害之外;建言者,当设身利害之中。"按,王之铁,号朗川,《格言联璧》此句当本于清代王之铁编撰之文句。

无事时,戒一偷字①;有事时,戒一乱字②。

【注释】

①偷:此处指偷懒。

②乱:此处指慌乱。

【译文】

没事的时候,要戒除偷懒的毛病;有事的时候,要戒除慌乱的毛病。

【源流】

明刘宗周《学言》:"无事时,得一偷字;有事时,得一乱字。"

将事而能弭①,遇事而能救②,既事而能挽③,此之谓达权④,此之谓才;未事而知来⑤,始事而知终⑥,定事而知变⑦,此之谓长虑⑧,此之谓识。

【注释】

①将事:此处指即将产生的问题。弭(mǐ):平息,消除。

②遇事:此处指正在出现的问题,遇到的问题。救:补救。

③既事:此处指已经出现的问题。挽:挽回。

④达权：通晓权宜，随机应变。

⑤未事：此处指问题尚未产生。

⑥始事：此处指问题刚产生。

⑦定事：此处指问题已经解决。变：此处指发展变化。

⑧长虑：深谋远虑，考虑长远。

【译文】

即将出现的问题能够消除，正在出现的问题能够补救，已经出现的问题能够挽回，这就是所说的随机应变，这就是所说的才能；问题尚未发生就已经知道后来的变化，问题刚产生就已经知道最后的结果，问题已经解决却能知道将来的发展，这就是所说的深谋远虑，这就是所说的见识。

【源流】

明吕坤《呻吟语》卷三："将事而能弭，当事而能救，既事而能挽，此之谓达权，此之谓才；未事而知其来，始事而要其终，定事而知其变，此之谓长虑，此之谓识。"

提得起，放得下；算得到①，做得完②；看得破③，撇得开④。

【注释】

①算得到：此处指谋划周全。

②做得完：此处指有始有终。

③看得破：此处指看得透彻。

④撇（piē）得开：此处指能够抛开。

【译文】

做事要担当得起，又要舍得放下；要谋划周全，又要有始有终；要看得透彻，又要能够抛开。

救已败之事者,如驭临崖之马①,休轻策一鞭②;图垂成之功者③,如挽上滩之舟④,莫少停一棹⑤。

【注释】

①驭(yù):驾驭。临:靠近。

②策:抽,打。

③图:谋划,筹划。垂成:即将成功。

④挽(wǎn):牵拉,牵引。滩:滩涂。

⑤棹(zhào):划船的一种工具,形状似桨。

【译文】

补救已经失败的事情,好比驾驭跑到悬崖边上的马,千万要小心谨慎,不可轻打一鞭;谋划即将成功的事情,好比牵拉要上滩涂的船,一定要坚持到底,不要少划一桨。

【源流】

清阮元《(道光)广东通志》卷三百五:"(梁英佐)又曰:'救已败之事者,如驭临崖之马,毋轻策一鞭;图垂成之功者,如挽上滩之舟,毋少停一棹。'"按,《格言联璧》此句当本于清代梁英佐之语。

以真实肝胆待人①,事虽未成功,日后人必见我之肝胆;以诈伪心肠处事②,人即一时受感③,日后人必见我之心肠。

【注释】

①真实肝胆:真心实意。

②诈伪心肠:虚情假意。

③受感:深受感动。

【译文】

用真心实意对待他人,尽管事情没有办成,但日后必定能体会到我的真心；用虚情假意对待他人，即便一时深受感动，但日后必定能发现我的虚伪。

天下无不可化之人^①，但恐诚心未至^②；天下无不可为之事，只怕立志不坚。

【注释】

①化：此处指感化。

②但恐：只怕。

【译文】

天下没有不可以感化的人，只怕心志不够至诚；天下没有办不到的事，只怕志向不够坚定。

【源流】

《隋书·循吏列传序》："有无能之吏，无不可化之人。"

处人不可任己意^①，要悉人之情^②；处事不可任己见，要悉事之理^③。

【注释】

①处人：与人相处。任：听任，遵从。

②悉：熟悉，了解。人之情：他人的感受。

③事之理：事物的道理。

【译文】

与人相处不可听任自己的意愿，要了解他人的感受；处理事情不可听任自己的见解，要了解事物的道理。

见事贵乎理明，处事贵乎心公。

【译文】

观察事情最重要的是事理明白,处理事情最重要的是内心公正。

【源流】

明薛瑄《读书录》卷二:"见事贵乎理明,处事贵乎心公。理不明则不能辨别是非,心不公则不能裁度可否。惟理明、心公则于事无所疑惑而处得其当矣。"

于天理汲汲者①,于人欲必淡。于私事耽耽者②,于公务必疏③。于虚文熠熠者④,于本实必薄⑤。

【注释】

①汲汲(jí):急切。此处指努力探究。晋陶渊明《五柳先生传》:"不戚戚于贫贱,不汲汲于富贵。"

②耽耽(dān):贪婪地注视。此处指专注。

③疏:疏忽大意。

④虚文:空洞的文字,空话。《汉书·谷永传》:"废承天之至言,角无用之虚文。"熠熠:鲜明闪烁的样子,此处指精心修饰。

⑤本实:此处指世间大道的本真涵义。

【译文】

努力探究天地至理的人,对于人的凡俗欲望必然淡漠。专注于一己私事的人,对待公务必然疏忽大意。对空洞言辞精心修饰的人,对世间大道的本真涵义必然知之甚少。

【源流】

明吕坤《呻吟语》卷四:"于天理汲汲者,于人欲必淡。于私事耽耽者,于公务必疏。于虚文熠熠者,于本实必薄。"

君子当事①,则小人皆为君子,至此不为君子,真小人也；小人当事，则中人皆为小人^②，至此不为小人，真君子也。

【注释】

①当事：做官，任职。

②中人：普通人。汉贾谊《过秦论》："才能不及中人，非有仲尼、墨翟之贤，陶朱、猗顿之富。"

【译文】

君子做官，那么小人也都能变为君子，如果在这种情况下还不能变为君子的，那便是地地道道的小人了；小人做官，那么普通人也都能变为小人，如果在这种情况下仍不会沦为小人的，那便是真真正正的君子了。

【源流】

明吕坤《呻吟语》卷四："君子当事，则小人皆为君子，至此不为君子，真小人也；小人当事，则中人皆为小人，至此不为小人，真君子也。"

居官先厚民风^①，处事先求大体^②。

【注释】

①厚民风：使民风淳朴。

②求大体：要总揽全局。《史记·平原君虞卿列传》："太史公曰：'平原君，翩翩浊世之佳公子也，然未睹大体。'"

【译文】

做官首先要使民风淳朴，办事首先要总揽全局。

【源流】

明吕坤《呻吟语》卷三："处事先求大体，居官先厚民风。"

论人当节取其长^①，曲谅其短^②；做事必先审其害^③，后

计其利。

【注释】

①节取：选择。此处指注意。

②曲谅：体谅，谅解。

③害：危害。

【译文】

评论他人应当选取他的优点，谅解他的缺点；做事一定要先考虑到带来的危害，然后再去考虑带来的利益。

小人处事，于利合者为利①，于利背者为害②；君子处事，于义合者为利，于义背者为害。

【注释】

①于利合者：此处指有利可图的。

②于利背者：此处指无利可图的。

【译文】

小人做事，有利可图的就是利，无利可图的就是害；君子做事，合乎道义的才是利，违背道义的才是害。

只人情世故熟了①，甚么大事做不到？只天理人心合了，甚么好事做不成？只一事不留心，便有一事不得其理。只一物不留心，便有一物不得其所。

【注释】

①人情世故：此处指为人处世的道理。

【译文】

只要熟悉了为人处世的道理，还会有什么样的大事做不到呢？只要做事上合乎天理、下合乎人心，还会有什么样的好事做不成呢？只要对某一件事没有认真对待，便不会了解其内在的道理。只要对某一事物没有认真对待，便不会使其得到合理的利用。

【源流】

明吕坤《呻吟语》卷一："只一事不留心，便有一事不得其理。只一物不留心，便有一物不得其所。"

事到手，且莫急，便要缓缓想；想得时①，且莫缓，便要急急行。

【注释】

①想得时：考虑周全之后。

【译文】

遇到事情，不要着急，要进行深入细致的思考；想好之后，刻不容缓，要抓紧时间赶快去做。

【源流】

明吕坤《呻吟语》卷三："事到手，且莫急，便要缓缓想；想得时，切莫缓，便要急急行。"

事有机缘①，不先不后②，刚刚凑巧；命若蹭蹬③，走来走去④，步步踏空⑤。

【注释】

①机缘：机遇和缘分，也指时机。

②不先不后：此处指不早不晚。

③蹭（cèng）蹬：倒霉，不顺。唐李白《赠张相镐》："晚途未云已，蹭蹬遭谗毁。"

④走来走去：此处指忙来忙去。

⑤踏空：此处指一事无成。

【译文】

世事自有机缘，只要把握得住，不早不晚，刚好赶上；命运如若不顺，总是不得机会，忙来忙去，一事无成。